JUVENTUDE ESPÍRITA

Ensaios sobre mocidade espírita

Solicite nosso catálogo completo, com mais de 400 títulos, onde você encontra as melhores opções do bom livro espírita: literatura infantojuvenil, contos, obras biográficas e de autoajuda, mensagens espirituais, romances, estudos doutrinários, obras básicas de Allan Kardec, e mais os esclarecedores cursos e estudos para aplicação no centro espírita – iniciação, mediunidade, reuniões mediúnicas, oratória, desobsessão, fluidos e passes.

E caso não encontre os nossos livros na livraria de sua preferência, solicite o endereço de nosso distribuidor mais próximo de você.

Edição e distribuição

EDITORA EME
Caixa Postal 1820 – CEP 13360-000 – Capivari-SP
Telefones: (19) 3491-7000 | 3491-5449
Vivo (19) 9 9983-2575 ☏ | Claro (19) 9 9317-2800
vendas@editoraeme.com.br – www.editoraeme.com.br

Sylvio D. de Souza
(Organizador)

Juventude Espírita

Ensaios sobre mocidade espírita

Capivari-SP
– 2020 –

© 1997 Sylvio D. de Souza (organizador)

Os direitos autorais desta obra foram cedidos pelo organizador para a Editora EME, o que propicia a venda dos livros com preços mais acessíveis e a manutenção de campanhas com preços especiais a Clubes do Livro de todo o Brasil.

A Editora EME mantém o Centro Espírita "Mensagem de Esperança" e patrocina, junto com outras empresas, a Central de Educação e Atendimento da Criança (Casa da Criança), em Capivari-SP.

2ª edição - 1ª impressão – janeiro/2020 – 300 exemplares

CAPA | Joyce Ferreira
PROJETO GRÁFICO E DIAGRAMAÇÃO | Marco Melo e Joyce Ferreira
REVISÃO | Dr. Sidney Barbosa

Ficha catalográfica

Souza, Sylvio D. de
   Juventude espírita / Sylvio D. de Souza (organizador) –
2ª ed. - 1ª imp. jan. 2020 – Capivari, SP: Editora EME.
   100 p.

   1ª edição. set. 1997

   ISBN 978-85-7353-024-3

1. Espiritismo. 2. Juventude espírita. 3. Ensaios sobre a mocidade espírita.
I. TÍTULO.

CDD 133.9

Sumário

Prefácio 7
HERMÍNIO C. MIRANDA
A maturidade na orientação dos jovens 17
SYLVIO DIONYSIO DE SOUZA
Psicologia da adolescência 25
ELAINE CURTI RAMAZZINI
O dilema do monitoramento nas mocidades
espíritas 39
RICHARD SIMONETTI
A orientação nas mocidades espíritas 43
IVAN DUTRA
O espiritismo e o processo educacional 51
HELOÍSA PIRES
Fundamentos educacionais do espiritismo 61
DINORÁ FRAGA DA SILVA
Reflexões sobre a evangelização infantojuvenil
à luz do espiritismo 77
CÍCERO MARCOS TEIXEIRA
Posfácio 90
CARLOS ALBERTO ANDREUCCI

PREFÁCIO
Reflexões de um espectador interessado

HERMÍNIO C. MIRANDA[1]

Concluída a sementeira, Jesus regressou à dimensão espiritual a que renunciara por algum tempo, a fim de trazer-nos pessoalmente a sua mensagem renovadora. Foi daquele viveiro originário que seus trabalhadores começaram a retirar as primeiras mudas, para que, de transplante em transplante, suas ideias se difundissem por toda parte, levadas pelo efeito multiplicador da própria vida. A tarefa parecia sustentada por uma espécie de magnetismo que fecundava o solo, ao qual estava sendo

---

1. Hermínio C. Miranda nasceu em Volta Redonda-RJ. Foi contabilista da Siderúrgica Nacional, onde exerceu sua profissão durante 38 anos, iniciada como auxiliar de escritório. Trabalhou em Volta Redonda, New York (onde permaneceu vários anos) e Rio de Janeiro. Nos últimos vinte anos, pertenceu sempre ao segundo e primeiro escalões da empresa.
Em 1980, aposentado, voltou-se inteiramente ao trabalho dedicado ao Cristo. É escritor espírita de raciocínio aguçado, e seus livros têm contribuído para alargar os horizontes, no melhor entendimento das perspectivas propostas pela doutrina de Allan Kardec.

levado o novo modelo de comportamento humano proposto pelo Cristo.

Autores espirituais diversos resgataram para nós o encantamento daqueles dias de plena vivência do amor grande, bafejado, ainda, pelo sopro vivo do Mestre que partira. Emmanuel, por exemplo, em *Há dois mil anos*, *Paulo e Estêvão* e *50 anos depois*[2], restaura um pouco desse remoto passado.

Pouco a pouco, de maneira quase imperceptível, mãos desavisadas começaram a substituir as plantinhas humildes do amor fraterno pelos arbustos mais vistosos do intelectualismo, inaugurando o longo e sombrio ciclo das discussões teológicas, das sutilezas filosóficas, dos debates acadêmicos. Em seu livro *A esquina de pedra*[3], Wallace Leal Rodrigues deixou-nos documentada essa fase de transição, aí pelo terceiro século, quando as comunidades cristãs começaram a perder suas características de origem em favor de estranhas práticas, inovações teóricas e "correções" ao pensamento de Jesus. Os tempos eram outros – alegava-se –, era preciso "adaptar" a doutrina às exigências e conveniências do momento. Trocava-se, enfim, a era do coração pela era do pseudorracionalismo.

---

2. Edição FEB
3. Edições *O Clarim*

Dentro de mais algum tempo, estariam sendo reaproveitadas antigas práticas do paganismo que a doutrina de Jesus viera superar, ao propor um novo patamar de conscientização da realidade espiritual. Os antigos deuses voltaram aos altares como que "reencarnados" nos santos, canonizados por decreto. Rituais, sacramentos, posturas e até os primitivos sacrifícios, foram, ainda que simbolicamente, reinstituídos pela ordem sacerdotal hierarquizada. Eram os novos "procuradores" de Deus na Terra e "corretores" do sonhado Reino dos Céus, que nada mais tinha com aquilo que o Cristo preconizara com essa expressão. Por isso, escreve Will Durant, o cristianismo não eliminou o paganismo: adotou-o.

Pouco depois, em vez de uma leitura cristã no pensamento de Aristóteles, tentou-se uma leitura aristotélica no ideário de Jesus. Daí as grotescas arquiteturas teológicas medievais que, supostamente imaginadas para consolidar o cristianismo, abrindo-lhe espaço no campo das especulações intelectuais, deixaram-no soterrado em complexidades, dogmas e teorizações sufocantes.

Não parece que tenhamos aprendido a dura lição dos séculos. Se em vez de uma teologia institucionalizada e ritualizada, tivéssemos preservado – e praticado – o ensinamento puro do Cristo, não estaríamos vivendo as aflições e angústias deste momento de dramática transição. Por mais que desejem nos convencer do contrário, Jesus não fundou uma igreja – fez mais que isso, propondo e exemplificando um modelo universal de comportamento, no qual o amor é componente essencial. E para a prática da fraternidade e da caridade ninguém precisa de complicadas estruturas filosóficas ou teológicas, nem de sacramentos ou dogmas.

Pacientemente, o Cristo decidiu reiterar seus ensinamentos, restaurando o projeto desfigurado, à sua pureza primitiva, livrando-o da pesada carga de insensatez que o aniquilou de tanto "corrigir" aqui e ali, "aperfeiçoar" este ou aquele aspecto, "adaptar" e "modernizar" conceitos tidos por superados, bem como rejeitar outros, carimbados com a marca do suposto obsoletismo. O espiritismo é a resultante desse projeto renovador, criado com a finalidade de passar a limpo a mensagem original, que se perdera no caótico amontoado de detritos.

Não obstante, parece que a equivocada história das "correções" modernizadoras ameaça, vez por outra, repetir-se em nosso meio. Querem nos convencer alguns de que a codificação teria sido boa para o seu tempo. Não mais para o século da eletrônica, do raio laser, da astronáutica, da engenharia genética, da realeza aparentemente indisputável da ciência, ou das sofisticações da tecnologia contemporânea.

Será que as especulações de Allan Kardec em torno de ideias e conceitos de sua época, como a geração espontânea, invalidam a estrutura doutrinária do espiritismo? Ou as suas referências à chamada erraticidade dos espíritos? Será o espiritismo uma religião ou não? O Cristo teve ou não teve corpo material?

É esse tipo de especulação – questões farisaicas, costumo chamá-las – que o Espírito de Verdade espera de nós? Nada temos a dizer ao que sofre, nada teremos a dar ao que está com fome, nada a dizer a nós próprios em momentos de angústia, senão depois de "remodelar" o espiritismo, excluindo de seu corpo doutrinário aquilo que nos parece inadequado, obsoleto, incompatível ou "piegas" para os tempos que vivemos? Ora, ante a realidade do mundo contemporâneo, o próprio Cristo parece obsoleto aos desajustados. Amar os inimigos? Oferecer a outra face? Perdoar as ofensas? Já dizia Paulo que "a pregação da cruz é loucura para os que se perdem" e que "o Cristo crucificado é escândalo para os judeus e loucura para os gentios". Como não o seria agora para os novos gentios?

Quer isso tudo dizer, contudo, que devamos "corrigir" os ensinamentos dele e "adaptá-los" à loucura ou ao escândalo dos tempos?

Não nos têm faltado, porém, advertências e chamamentos à responsabilidade.

Lemos em *Vinha de luz*[4], mensagem número 40, o comentário de Emmanuel a esta advertência evangélica: "Mas os cuidados deste mundo, os enganos das riquezas e as ambições doutras coisas, entrando, sufocam a palavra, que fica infrutífera".

– É imprescindível – escreve o autor espiritual – tratar a planta divina com desvelada ternura e instinto enérgico de defesa. Há muitos perigos sutis contra ela, quais sejam os tóxicos dos maus livros, as opiniões ociosas, as discussões excitantes, o hábito de analisar os outros antes do autoexame.

– Se alguém vem ter convosco – já ensinava João – e não traz esta doutrina, não o recebais em casa. (2ª Ep., João, 10).

Não que tenhamos de expulsar o companheiro conflitado, mas que não lhe seja permitido subverter as normas da casa que nos foi confiada, e pôr em risco a integridade dos ensinamentos de Jesus, que tanto se custou a resgatar da massa de entulho que a soterrava.

Bezerra de Menezes, por intermédio de Divaldo Franco, adverte, em reunião na FEB, em novembro de 1991, para a gravidade do momento, decisivo para os nossos destinos e os da comunidade a que pertencemos.

---

4. Edições FEB

– Não há mais tempo para as discussões estéreis – recomenda – nem para as frivolidades das opiniões personalistas em detrimento dos lídimos ideais da fraternidade, do amor e da caridade.

É preciso estarmos todos atentos – prossegue – porque "Os ouropéis do mundo, os triunfos enganosos, os aplausos de mentira e os *spotlights* das fanfarronadas humanas têm-se responsabilizado pelo malogro de idealistas que se comprometeram a servir e não suportaram as pressões da governança terrestre nem das posições elevadas do mundo".

Será que não estamos lendo essas advertências ou, mesmo lendo-as, não as entendemos? Ou se as entendemos, achamos que não é conosco e sim com os outros? Será que não podemos assumir a consciência de nossa responsabilidade ante o simples fato de estarmos aqui, neste momento, em que a comunidade terrena vive tão grave período de transição? E que essa responsabilidade se potencializa, quando nos lembramos do conhecimento privilegiado que nos foi concedido acerca da realidade espiritual? Por que razão, antes de tentar "aperfeiçoar" ou "corrigir" a doutrina dos espíritos, não nos esforçamos por aperfeiçoar e corrigir a nós mesmos? Não é a doutrina, na sua essência, nos seus fundamentos, nas suas estruturas, que precisa de ajustes. Somos nós. Continuamos a ver o cisco no olho do próximo, mas ainda não percebemos a viga que se atravessa diante dos nossos.

Temos, pois, em nossas mãos, agasalhado pelo senso de responsabilidade de cada um, o compromisso maior com a preservação da mensagem renovada do Cristo, contida no corpo doutrinário do espiritismo.

Ao contrário dos textos evangélicos, mutilados irreparavelmente no correr dos séculos, a doutrina dos espíritos está preservada nos seus livros básicos, que poderão ser consultados, em muitas línguas e a qualquer momento, tal como nos foi confiada. Ela é o nosso padrão de aferição, nosso gabarito, na interface de cada um de nós com o que se passa à nossa volta.

Constitui grande alegria, pois, estudar as propostas contidas neste livro, em textos produzidos por gente desse nível – profissionais destacados nas suas respectivas áreas acadêmicas, escritores, educadores, psicólogos que se dedicam, em paralelo, à seara espírita. É compreensível a preocupação manifestada pelos autores e autoras aqui reunidos, não apenas na preservação do legado de Kardec, mas também no processo pelo qual esse legado está sendo passado às gerações que nos sucederão. Afinal de contas, todos nós estamos certamente programados para, eventualmente, retornar à Terra para nova etapa de aprendizado e correção de rumos. Queremos reconhecer, ainda como nossa, a doutrina espírita que aqui deixarmos. Com as suas previstas e previsíveis ampliações evolutivas, no intercâmbio com os demais ramos do conhecimento humano. Mas preservada em toda a sua pureza primitiva, naquilo que constitui o núcleo e as estruturas básicas de seu pensamento. Enriquecida, mas não descaracterizada. Vamos precisar dela, lá na frente, mesmo porque ainda há muito que fazer antes que o mundo se torne naquele recanto de paz cósmica, felicidade e amor, que o Cristo nos prometeu e com o qual todos sonhamos.

Devo, para encerrar, uma confissão. Fui surpreendido há tempos, pelo caro amigo e ilustrado confrade dr. Sylvio Dionysio de Souza, com o honroso convite para participar deste projeto que se propõe a oferecer umas tantas reflexões acerca das mocidades espíritas. Razões de ordem puramente pessoal me levaram a propor que minha modesta colaboração fosse mais a de espectador do que a de coautor. Mas não foi só isso. Não me julgo credenciado, por experiência pessoal, para debater a temática deste livro. Ao optar pela tarefa do escritor, vi-me forçado a renunciar à enriquecedora vivência regular das casas espíritas. Falando sobre questões da intimidade dessas preciosas instituições, estaria discorrendo sobre aspectos com os quais não estou familiarizado. Ademais, o que teria eu a acrescentar ao que ficou aqui documentado? Apenas isto: que o assunto seja estudado e debatido com seriedade e serenidade, mas que recomendações e decisões não fiquem apenas no papel e nas intenções, pois o que está em debate é importante demais para cada um de nós, em particular, e para o tipo de mundo que desejamos desenhar para o futuro que nos espera, nas muitas curvas dos séculos.

A MATURIDADE NA ORIENTAÇÃO DOS JOVENS

SYLVIO DIONYSIO DE SOUZA[5]

Em *O Evangelho segundo o Espiritismo*[6], Kardec falando sobre a fé, conclui que "somente é inabalável a fé que pode enfrentar a razão face a face, em todas as épocas da Humanidade". Kardec diz ainda que a fé cega a qual nada examina, levada ao excesso, produz o fanatismo.

Assim podemos dizer que a fé que condenou Galileu e mandou tantos outros para as fogueiras da Inquisição era a fé cega, pois não encarou face a face a razão ou o conhecimento científico da época. Só para

---

5. Sylvio Dionysio de Souza, nascido em Bauru (SP), é doutor em física pela Universidade de São Paulo, com pós-doutorado no Institut fur Strahlen und Kernphysik-Uni Bonn, Alemanha. Foi professor do Depto. de Física da UFSCar, onde dirigiu um grupo de pesquisas em Interações Hiperfinas-Física da Matéria Condensada.
Ex-evangelizador do Grupo Espírita Batuíra (Pompeia) - São Paulo (SP), foi membro da Diretoria da Sociedade Espírita Obreiros do Bem - São Carlos (SP), onde também colaborou no grupo de fluidoterapia.
6. *O Evangelho segundo o Espiritismo*, A. Kardec - Cap. XIX, item 7 (fim) e item 6.

citarmos o célebre exemplo de Galileu, o sistema planetário que ele ajudou a revelar, aderindo ao heliocentrismo de Copérnico, contrário ao geocentrismo endossado pela Igreja Católica, é bem o sistema planetário que admitimos e conhecemos em nossos dias. Para nos situarmos no tempo, Galileu viveu entre 1564 e 1642, e são passados mais de 400 anos, o que não é muito no cronômetro das transformações da humanidade.

Diz também Kardec em *A Gênese*[7], que "caminhando de par com o progresso, o espiritismo jamais será ultrapassado, porque, se novas descobertas lhe demonstrarem estar em erro acerca de um ponto qualquer, ele se modificaria nesse ponto. Se uma verdade nova se revelar, ele a aceitará".

Com respeito às mocidades espíritas em nossos centros, observamos que muitas delas, às vezes até apoiadas pelos dirigentes do centro, se autodirigem, ou seja, pretendem estudar e interpretar Kardec entre si, sem a presença de um orientador ou de uma pessoa mais experiente, com enorme risco para o entendimento da doutrina, pois como sabemos do Evangelho[8], "quando um cego guia o outro, os dois caem no barranco". A tendência à autodireção nas

---

7. *A Gênese*, A. Kardec - Cap. I, item 55 (fim).
8. *O Evangelho* - Lucas, VI, 39 e Mateus, XV, 12 A 14.

mocidades se alastra, e é preciso considerarmos com carinho e raciocínio tal problema.

À primeira vista tudo isso parece muito bem e até coerente, pois nada como jovens para entender os próprios jovens! No entanto podemos perguntar: Seria essa a função de um centro: a de fazer experiências no campo doutrinário? É prudente deixar que jovens façam tais experiências, por seu risco e conta? Não seria o centro mais vigilante se utilizasse o assessoramento de um orientador, profissional da área de educação?

O exemplo de algumas Mocidades autodirigidas nos mostra o perigo a que está exposto o espiritismo: umas eliminaram a prece de seus meios, argumentando que esse procedimento era piegas; outras introduziram a discussão político-partidária em suas reuniões; outras ainda formaram grupos, onde queriam "questionar" Kardec, com o argumento de que o espiritismo não é imutável!!!

Para onde caminham esses futuros dirigentes espíritas e para onde conduzem o espiritismo? Não seriam esses procedimentos uma falta de conhecimento básico da doutrina?

Nesses momentos de reflexão e questionamento surgem outras indagações, com respeito aos espíritas em geral e em especial aos jovens: Existe droga em nosso meio? Os jovens fazem sexo antes do casamento ou irresponsavelmente? E o roubo, acontece também entre nós espíritas? Há corruptos em nosso meio? A resposta, triste mas verdadeira, é afirmativa. Sim. Todos esses tipos de defeitos e todos os outros que existem na sociedade como um todo, estão presentes também no meio espírita. Afinal, não somos privilegiados nem exceções, mas apenas um pedaço da sociedade.

O que nos faz reconhecer o verdadeiro espírita e o que poderia distingui-lo dos demais indivíduos? "Pela sua transformação moral, e pelos esforços que faz para dominar suas más inclinações", como nos ensina Kardec em *O Evangelho segundo o Espiritismo*[9]. Em português simples e direto, podemos afirmar que não somos santos!

Assim pensando, e no intuito de ouvir opiniões de espíritas de reconhecida experiência em nosso meio, identificados através de seus trabalhos e de suas conhecidas contribuições à doutrina, dirigimos a cada um dos autores deste livro um mesmo texto, com as dúvidas acima enunciadas.

Cada um escreveu abordando o assunto de um ponto de vista diferente, porém fica transparente em cada um dos escritos que o espiritismo corre o risco de "perder" o bonde do conhecimento atual, "não encarando a razão face a face", se seus dirigentes

---

9. *O Evangelho segundo o Espiritismo*, A. Kardec - Cap. XVII, item 4.

permitirem que jovens enveredem adentro da doutrina sem a supervisão de alguém com mais conhecimento e experiência.

De nossa vivência como pesquisador e professor universitário, podemos lembrar que nenhuma das Universidades de maior nome no exterior, como Cambridge ou Oxford na Inglaterra, ou Harvard nos Estados Unidos, ou ainda nossa Universidade de São Paulo no Brasil, deixa seus alunos (que, tal como os jovens que frequentam nossas mocidades também estão na faixa de 16 a 22 anos), aprenderem sozinhos em seus cursos básicos, sem a presença de, no mínimo, um orientador.

Perguntamos então, de onde viria a insistência de certos grupos espíritas no tema da autodireção da mocidade?

A confusão vem do entendimento incorreto do que significa chegarmos a Jesus, pelo nosso mérito próprio e através de nossa autoeducação. Isso realmente só é possível quando se trata do espírito na plenitude de suas faculdades. Para galgarmos um degrau que seja na nossa evolução, há de ser pelo nosso esforço próprio e através do nosso autoburilamento!

Afinal, observamos, é assim que procedem, estudando sozinhos, os jovens espíritas, nas ditas mocidades autodirigidas. É isso correto?

A resposta clara está contida na própria doutrina espírita, quando nos mostra que só gradualmente o espírito reencarnado vai assumindo sua plena capacidade de raciocínio, incorporando sua bagagem espiritual adquirida em outras encarnações, necessárias para a realização com sucesso do presente projeto de vida. Na adolescência o espírito reencarnante está no processo final desse mecanismo, e não na plenitude de sua capacidade prevista para a presente reencarnação, conforme nos ensina Kardec em *O Livro dos Espíritos*[10]. Então daí decorre que os jovens, na adolescência, podem não estar ainda em condições ideais de se autodirigir, também no estudo do espiritismo. É imprescindível a presença de uma pessoa madura, para orientar minimamente esses jovens. É claro que, como em qualquer função, é necessária aptidão do orientador, que no caso seria a habilidade para viver entre jovens, mas nunca desvinculada de um conhecimento básico, e principalmente raciocinado, dos ensinamentos de Kardec.

Outra confusão comum muito observada é supor que o orientador vai impingir seus conhecimentos aos jovens, tirando-lhes a criatividade e o entusiasmo, tão comuns nessa fase da vida. É preciso saber que educar é fazer com que os indivíduos consigam, com seu esforço próprio, o entendimento sobre este

---

10. *O Livro dos Espíritos*, A. Kardec - Cap. VII, item VI, Questão 385.

ou aquele ensinamento. O orientador irá somente coordenar os procedimentos, para benefício dos resultados. Educar é incentivar a criatividade e não impedir sua manifestação. O sucesso de algumas Mocidades dirigidas por adultos, avaliadas através de seus frutos, mostra o acerto dessa orientação.

Seria oportuno dizer que, para maiores informações, no seu livro, *Filosofia espírita da educação*[11], Ney Lobo aborda o assunto da função do Educador e do problema da autoeducação com muita propriedade.

Kardec nos ensinou, em O *Evangelho segundo o Espiritismo*[12], que devemos nos amar e nos instruir. Assim, podemos concluir que o centro espírita é uma escola. Isso nos parece uma das grandes e das mais importantes funções de um centro espírita.

Não podemos ignorar a responsabilidade da função de conselheiro que quase sempre o orientador pode assumir diante dos orientados. Assim, ficamos a imaginar: como um jovem, líder de mocidade, poderia orientar a outro seu colega diante dos tão comuns problemas do sexo, do conflito entre filhos e pais, e outros tantos vividos na adolescência? A orientação dada por um "jovem líder" pode vir a ser desastrosa, não por maldade, mas por parcial ou

---
11. *Filosofia espírita da educação*, N. Lobo - 1a. Ed. FEB, 1989.
12. *O Evangelho segundo o Espiritismo*, A. Kardec - Cap. VI, item 5

equivocada interpretação dos ensinamentos espíritas, e até por falta de vivência do problema. Este fato, infelizmente, tem ocorrido.

Por essas razões é que estamos apresentando ao caro leitor as páginas que seguem, com a única intenção de refletir, minimamente que seja, sobre um aspecto de muita importância para nossa juventude espírita.

Que Jesus nos abençoe e cubra com o seu amor nossas boas intenções.

PSICOLOGIA DA ADOLESCÊNCIA

ELAINE CURTI RAMAZZINI[13]

CARACTERÍSTICAS DA ADOLESCÊNCIA

No livro *A construção social da realidade*, o autor (Peter I. Berger) fala que na infância "os outros significantes" são vitais para o desenvolvimento da socialização da criança, uma vez que ela acredita no amor e no poder dos pais, na legitimidade das normas sociais e na verdade dos ensinamentos religiosos, morais etc.

Já na adolescência, na primeira grande crise, o que

---

13. Elaine Curti Ramazzini nasceu em Catanduva (SP). É formada em psicologia, e está estabelecida com consultório em São Paulo (SP), onde atende crianças, adolescentes, adultos, casais e famílias.
É coautora de vários livros que abordam assuntos sobre família e espiritismo, e um livro que trata do idoso no centro espírita. É ainda autora do livro infantil *Pirulin e seu flautim*.
Foi diretora de Assistência Social da USE - São Paulo, e membro do Departamento de Educação para Assuntos de Família, também da USE.

a criança adorava só é admissível em termos, ou simplesmente descartável. É a adolescência o período de reorganização e avaliação dos modelos infantis. Na fase jovem há a formação do "outro generalizado" na consciência, o que marca uma etapa decisiva na socialização, uma vez que são levados em conta os outros e não somente os familiares.

Dizem os sociólogos que a identidade, formada por processos sociais, é o elemento chave da realidade subjetiva, e sua organização constitui a etapa central na evolução do ciclo vital humano.

No processo de configuração da identidade surgem, certamente, as crises inevitáveis e necessárias para que o jovem possa fazer escolhas dentro do mundo. Tais crises trazem prós e contras que provocarão ressonância nos pais, uma vez que haverá retomada, por parte deles, dos mesmos conflitos vividos quando passaram pela adolescência. É a chamada "síndrome da ambivalência dual", isto é, a crise vivida a dois: por filhos e por pais, que revivem os problemas anteriormente vividos nessa fase. Quando os pais se sentem seguros, se veem menos ameaçados pelos caminhos que os filhos tomarem.

A adolescência é o momento ambíguo, de aquisição e perda. Aquisição de experiências antes não vividas, enquanto na infância; e perda do corpo infantil, uma vez que se dá o crescimento físico, bem como todas as modificações dele decorrentes.

Segundo J. Piaget, a maturação do instinto sexual é marcada tanto por desequilíbrios momentâneos, que dão colorido afetivo, característico a todo este último período da evolução psíquica, como por uma visão onipotente do adolescente, que se percebe com poderes multiplicados. Tais poderes, de início, perturbam a afetividade e o pensamento, mas depois os fortalecem, pois lhes concedem um equilíbrio superior ao que existia na segunda infância.

Comparado a uma criança, o adolescente é um indivíduo que constrói sistemas e teorias abstratas (escreve, fala), rumina as produções pessoais secreta e intimamente e apresenta, ainda, grande interesse por problemas e pelas relações do dia a dia. É nesta fase do desenvolvimento que ocorre o pensamento formal: as operações lógicas começam a ser transpostas do plano da manipulação concreta para o das ideias expressas em linguagem (palavras ou símbolos matemáticos).

O pensamento formal é o "hipotético-dedutivo", capaz de deduzir as conclusões de pura hipótese, e não somente através da observação real. As operações formais dão ao pensamento um novo poder, que consiste em destacá-lo e libertá-lo do real, permitindo-lhe construir a seu modo as reflexões e teorias.

A inteligência marca a libertação do pensamento; é livre a atividade da reflexão espontânea. O egocentrismo intelectual se manifesta na onipotência da reflexão, como se o mundo devesse submeter-se aos sistemas e não estes à realidade.

A adolescência é a idade metafísica por excelência: o "eu" é forte o bastante para construir o universo e suficientemente grande para incorporá-lo.

Biologia da adolescência

A adolescência é um fenômeno de desenvolvimento do ser humano. Nele, a maturação dos sistemas hormonal e nervoso central se processa durante um período de anos, que só atinge o ponto culminante na puberdade. A adolescência inicia-se na puberdade.

O Comitê sobre Adolescência – Grupo para Adiantamento da Psiquiatria dos Estados Unidos – faz uma distinção entre puberdade – processo essencialmente harmônico de maturação e crescimento – e adolescência – processo psicológico social e de maturação iniciado pela puberdade.

A puberdade se caracteriza pelo início da atividade hormonal, que se encontra sob a influência do sistema nervoso central, em especial o hipotálamo e a hipófise, glândulas localizadas na base do cérebro. A idade em que se declara iniciada a puberdade depende, em parte, dos critérios adotados para caracterizar esse início.

As meninas apresentam como características: desenvolvimento dos seios e princípio do crescimento dos pelos púbicos, o que, em média, se dá entre os 10 e 11 anos, e a menstruação, que ocorre entre os 11 e 13 anos de idade.

Os meninos, por seu lado, apresentam como características: o crescimento dos pelos púbicos, o aumento de tamanho dos testículos (entre 12 e 16 anos de idade) e o desenvolvimento do pênis e a ejaculação, que ocorrem entre os 13 e 17 anos de idade.

Na adolescência, como em todas as outras fases da vida, o comportamento resulta da interação que se verifica entre o indivíduo e o meio. O desenvolvimento na fase infantil proporcionou a estrutura da personalidade e certas maneiras peculiares de o jovem ou a jovem comportar-se e relacionar-se com os outros (adaptação e defesa), e ainda certos conflitos implícitos.

Há duas fases da adolescência: a primeira, aproximadamente, dos 10/11 anos até os 16 anos de idade e a segunda, de maneira geral, a partir dos 16 anos até o início da fase adulta.

Analisando o período da adolescência, J. Márcia assinala que este é caracterizado pela reorganização e avaliação dos modelos infantis, e que é nesta etapa da vida que surgem as crises inerentes ao processo de configuração da identidade.

A identidade é o elemento chave da realidade subjetiva, e podemos dizer que ela se forma por processos sociais, constituindo a etapa central na evolução do ciclo vital humano.

Verificam-se três tipos de identidade na adolescência:

a) sexual – definição de papéis sexuais;
b) profissional – reconstrução interna ("eu sou em parte aquilo que faço");
c) ideológica – ("eu sou") posicionamento no mundo.

As crises pelas quais passa o adolescente são de vital importância, para que ele possa fazer as escolhas dentro do mundo. Por certo as crises trazem prós e contras, mas crise e engajamento constituem etapas sucessivas e decisivas para a configuração da identidade, segundo J. Márcia.

Para este autor, cada aquisição se realiza em duas etapas: crise e engajamento, isto é:

1ª - o indivíduo passa pela **crise** (momento no qual várias possibilidades se descortinam);

2ª - **engajamento**, com a opção efetuada e incorporação da escolha.

Há quatro posicionamentos básicos diante da identidade:

1. Moratório – característico da adolescência inicial. O adolescente está dentro da crise, mas não são feitos engajamentos. O jovem diz que pretende estudar, mas fica indeciso diante de outras perspectivas.
2. Aquisidor – característico do indivíduo maduro, seguro e sadio, que enfrenta crises e questiona opções.
3. Impedido – característico do adolescente que fez engajamentos, porém não passou pela crise. ("Venho de família de médicos, por isso, resolvi também ser médico"). Este tipo de engajamento é perigoso, pois poderão eclodir crises tardias, que redundarão em problemas seríssimos para o indivíduo.
4. Difuso – característico do jovem que nem passou pela crise nem se engajou. A ele só interessa viver o agora, não se importando em estabelecer para si nenhum projeto futuro de vida.

Há dois tipos de adolescente difuso: a) **o bem adaptado**, que compreende as regras do jogo social e adapta-se às circunstâncias para tirar todo o proveito possível e b) o **mal adaptado**, aquele que vive sem valores e isola-se do grupo social. São os pseudoartesãos, sem origem, sem destino.

Como características gerais da adolescência, temos ainda:

- crises de religiosidade ("por que seguir a religião dos meus pais?");
- crises reivindicatórias ("meus pais têm obrigação de dar-me o que estou querendo");
- atitudes defensivas;
- tendência grupal, que auxilia na configuração da identidade – o grupo, muitas vezes, é mais importante do que a família;
- desestruturação temporal – o tempo vivencial é maior do que o cronológico (a jovem está mais preocupada com o baile de formatura que ocorrerá no fim do ano do que com a prova em que necessita de nota, marcada para a semana seguinte);
- contradições;
- constantes flutuações de humor etc.

Posto isto, examinemos agora o aspecto da adolescência segundo a doutrina espírita

Na 2a. parte – Capítulo VII, de *O Livro dos Espíritos*, ao perguntar aos mensageiros do Senhor: "Qual o motivo da mudança que se opera no seu caráter a uma certa idade, e particularmente ao sair da adolescência? É o espírito que se modifica?", Allan Kardec recebeu deles a seguinte resposta:

" – É o espírito que retorna a sua natureza e se mostra tal qual era." (...)

Ora, queremos entender que, na fase da juventude, o jovem ainda não é adulto. Ele está tão somente numa outra etapa de seu desenvolvimento, etapa esta difícil como vimos acima, não só pelas mudanças de ordem biológica, mas também psicológica e social, e que necessita, mais do que nunca, de orientação e amparo para que esteja bem com ele mesmo, com o próximo e com Deus, conforme leciona Kardec nas notas à questão 617, do livro acima citado.

Diante das considerações acima, ficam-nos as seguintes perguntas:

– Se o jovem e a jovem estão vivendo uma fase de crise, de indefinição e confusão, acrescida do fato de lhes faltar maturidade e perspicácia na análise das opções, como deixá-los ao sabor de suas ideias contraditórias e inseguras?

– Se eles iniciam, na fase da juventude, o questionamento quanto à religião seguida pelos pais, como permitir que eles fiquem sem um norteamento, um respaldo, a fim de que possam discutir com alguém com conhecimento mais aprofundado nessa área, e em melhores condições de ajudá-los a definir-se?

– Como permitir que eles façam as opções por conta própria, sem a orientação de alguém mais velho, que possa, com mais segurança pelos anos vividos, abrir-lhes um leque maior de possibilidades, capaz de ajudá-los na avaliação dos prós e contras dessas opções?

Ao registrar essas nossas preocupações, visamos sobretudo trabalhar o incipiente senso de responsabilidade da maioria dos jovens, não para sermos, em hipótese alguma, coercitivos ou impositivos em relação a eles, uma vez que lhes respeitamos o livre-arbítrio no estágio evolutivo mesmo em que se encontram, mas, sobretudo, para estarmos com eles, num diálogo fraterno, empático e franco. Tal é, em nossa opinião, a tarefa que nos cumpre realizar, uma vez que não foi o acaso que nos colocou próximos. Se assim procedermos, estaremos ajudando-os a descobrir-se e a responsabilizar-se pelas escolhas que fizerem no sentido de viver uma vida digna e útil não só para si mesmos, mas para com todos aqueles que lhes compartilham a jornada.

Na casa espírita, parece-nos imprescindível também não perder de vista os aspectos biológicos, psicológicos e, principalmente, espirituais no trabalho junto ao moço. Ajudá-lo na configuração da identidade, sem dúvida alguma, parece-nos importantíssimo; no entanto, estudar com ele o Evangelho de Jesus à luz da doutrina espírita é possibilitar-lhe condições de desenvolver-se de maneira equilibrada, não só no aspecto intelectivo e racional – uma vez que o espiritismo apela para a lógica, a razão. Além disso, ajudá-lo a trabalhar os sentimentos, aprimorando-os e burilando-os a fim de que dilate a percepção de si mesmo, dos semelhantes e da vida que lhe foi cedida transitoriamente na Terra.

Queremos crer que temos responsabilidades perante Deus, perante o próximo e perante nós mesmos, no que se refere ao desenvolvimento das tarefas no centro espírita. Se efetivamente houver tal conscientização, não restarão dúvidas quanto à assunção dessas responsabilidades no desempenho dos papéis que nos compete desempenhar no movimento espírita.

Deixar os jovens, como ocorre nas reuniões da Mocidade, ao sabor de suas inclinações, orientando-se mutuamente, sem o respaldo da experiência dos mais velhos que denotam possuí-la, não somente pelo número de anos vividos (pois o espírito pode ter vivido pouco tempo nesta existência, porém possuir mais maturidade do que muito ancião), mas sobretudo porque espera-se esteja esse orientador mais bem preparado no estudo do espiritismo, isto contribuirá enormemente para que as novas gerações optem pelo melhor para as suas vidas.

Cabe-nos auxiliar o jovem no sentido de que ele "busque infatigavelmente equilíbrio e discernimento na sublimação das próprias tendências, consolidando maturidade e observação no veículo físico, desde os primeiros dias da mocidade, com vistas à vida perene do espírito. Os compromissos assumidos pelo ser reencarnante têm começo no momento da concepção."(André Luiz/Chico Xavier).

Idealmente, o término da adolescência se caracteriza:

- pelo fato de ter conseguido a separação e a independência dos pais;
- pelo estabelecimento da identidade sexual;
- pela submissão ao trabalho;
- pelo desenvolvimento de um sistema pessoal de valores morais;
- pela capacidade de relações duradouras e de amor sexual;

- pelo regresso (no sentido de reconhecimento) aos pais, em nova relação baseada numa igualdade relativa.

Contribuir para que o espírito se reequilibre em novas bases, bases estas por nós entendidas como a vivência dos ensinamentos do Cristo à luz dos conteúdos espiritistas, constitui-nos tarefa emergencial e impostergável, sem a qual ser-nos-á impossível construir o reino de Deus que, ínsito no coração das criaturas, está aguardando mãos firmes para a sua edificação.

BIBLIOGRAFIA:

COMITÊ SOBRE ADOLESCÊNCIA DO GRUPO PARA O ADIANTA-MENTO DA PSIQUIATRIA (E.U.A.). Dinâmica da adolescência. São Paulo: Ed. Cultrix, 1968.

CARDOSO, O.B. *Problemas da adolescência*. S. Paulo: Ed. Melhoramentos, 1962.

CHURCHILL, E.M. *Los descubrimientos de Piaget y del Maestro*. Buenos Aires: Paidós, 1962.

ELKIND, D. ET AL. *Desarollo normal y anormal del adolescente*. Buenos Aires: Paidós, 1962.

GINOTT, H.G. *Between parents and teenager*. New York: Avon, 1971.

KARDEC, A. *O Livro dos Espíritos*. 1ª reimpressão – Capivari-SP, Editora EME, 1996, tradução de J. Herculano Pires.

PIAGET, J. et al. *Psicologia del niño*. Madrid: Ed. Morata, 1975.

PIAGET, J. *Seis estudos de psicologia*. Rio de Janeiro: Ed. Forense, 1972.

RAPPAPORT, C.R. et al. *Psicologia do desenvolvimento*. Vol. 4 (A idade escolar e a adolescência) S.Paulo: EPU, 1981-1982.

VIEIRA, W., pelo espírito André Luiz. *Conduta espírita*. Rio de Janeiro: Federação Espírita Brasileira (Departamento Editorial), 1960.

O DILEMA DO MONITORAMENTO NAS MOCIDADES ESPÍRITAS

RICHARD SIMONETTI[14]

Nas décadas de quarenta e cinquenta floresceram as mocidades espíritas autônomas. Representavam uma reação à estagnação dos centros espíritas, dirigidos, não raro, por pessoas de boa vontade, mas despreparadas, de limitadas possibilidades intelectuais e impermeáveis ao diálogo.

Criou-se uma curiosa situação: centros espíritas (de jovens), funcionavam dentro de centros espíritas (de adultos), sem nenhuma vinculação entre ambos. Pior: sem o necessário entrosamento, considerada a

---

14. Richard Simonet nasceu em Bauru (SP). Funcionário aposentado do Banco do Brasil. Militou no movimento espírita desde 1957, quando se integrou ao Centro Espírita Amor e Caridade, na cidade de Bauru (SP). Palestrante de palavra fácil e fluente, percorreu todo o Brasil divulgando a doutrina espírita. Autor de vários livros espíritas, abordando diversos problemas do dia a dia, com grande conteúdo doutrinário. Desencarnou em 3 de outubro de 2018.

ideia fundamental de que o jovem de hoje será o dirigente de amanhã.

Levada essa tendência a extremos, algumas mocidades espíritas construíram sede própria, com personalidade jurídica e registro civil.

"Não confie num homem que tenha mais de trinta anos". O lema da juventude rebelde dos anos sessenta assentava-se perfeitamente nas mocidades institucionalizadas, que não admitiam nenhuma ingerência dos "velhos", pretendendo evitar o comprometimento com estruturas arcaicas ou a inibição de suas iniciativas.

O tempo, mestre paciente, demonstraria o equívoco desse posicionamento, a partir do amadurecimento dos próprios líderes juvenis que, atingindo a idade limite, viam-se na contingência de deixar o centro espírita de jovens sem estarem ambientados no centro espírita dos adultos.

Surgiram então as mocidades que funcionavam como departamentos do centro espírita, subordinadas à sua diretoria e às disposições estatutárias.

Não obstante, a ideia de independência (fruto de arroubos juvenis de autoafirmação, que resvalavam geralmente para a rebeldia), continuou presente.

Lideranças jovens pretendiam planejar suas atividades, agindo com plena autonomia, uma extravagância numa instituição dividida em departamentos. Estes subordinam-se à diretoria, que deve traçar diretrizes, estabelecer critérios, apontar iniciativas.

Com o propósito de superar o problema ensaiou-se a dissolução dos departamentos de mocidade. Os jovens deveriam fazer seu aprendizado na convivência com os adultos, participando de suas reuniões e atividades.

A experiência evidenciou o desacerto dessa ideia, porquanto sem ambiente próprio os aprendizes perderam a motivação para comparecer ao centro espírita, ocorrendo significativa evasão.

Houve, posteriormente, uma salutar tendência de formação de mocidades departamentais com monitoramento adulto, seguindo as diretrizes milenariamente adotadas em qualquer tipo de ensino, onde há os que aprendem e os que ensinam, reservada esta função aos companheiros com maior conhecimento.

Razoável que os jovens aprendizes exercitem suas iniciativas, realizem estudos, desenvolvam atividades. Mas não podem prescindir do assessoramento adulto.

Se todos concordamos que o centro espírita é uma escola, por que dispensar os professores ou deixar que os alunos chamem a si o encargo de coordenar o próprio aprendizado?

Alegam alguns jovens a dificuldade de entrosamento com os monitores destacados pela direção do centro, por não atenderem às suas expectativas, sustentando reuniões monótonas, entediantes, sem motivação. Argumentação ponderável. Mas imaginemos alunos de uma Faculdade de Medicina reivindicando a eliminação do professor de determinada matéria, porque não é eficiente, e se dispondo a aprender sozinhos... Certamente o resultado não seria satisfatório.

O assunto é passível de discussão, tendo em vista as peculiaridades de cada centro e os recursos humanos de que dispõe.

Tanto quanto possível, entretanto, o dirigente espírita deve estar atento à necessidade de um monitoramento adulto para o departamento de mocidade.

Aos jovens compete empenharem-se para que lhes seja facultada a presença de um monitor eficiente, que se comunique, que fale sua linguagem, que atenda às suas aspirações.

Talvez o adulto não tenha todas as virtudes que desejam. Mas tem uma fundamental, que lhes falta: a experiência.

A ORIENTAÇÃO NAS MOCIDADES ESPÍRITAS

IVAN DUTRA[15]

Existe um fenômeno nos meios espíritas que merece reflexão. Trata-se da questão de se constituírem mocidades ou juventudes espíritas, que normalmente funcionam nos centros espíritas, autônomas da direção do centro.

O assunto é importante a partir do momento em que se levanta a hipótese de que, se a direção da mocidade espírita for completamente separada da direção do centro, podem ocorrer orientações dos programas doutrinários e atividades muito diferentes. Isto é possível acontecer, semelhantemente ao que ocorre entre duas sociedades espíritas, ambas se di-

---

15. Ivan Dutra, nascido em Ubá (MG), doutor em administração pela Universidade de São Paulo e professor da UEL-Universidade Estadual de Londrina (PR). Foi Diretor de Pesquisa do INBRAPE - Instituto de Pesquisas e Estudos Socioeconômicos, Londrina (PR). Ainda em Londrina, foi membro do Conselho Deliberativo do Centro Espírita Nosso Lar e também Secretário do Grupo Espírita "Irmã Scheila", que atua em uma favela, atendendo a 150 crianças.

zendo com orientação kardecista, mas que na prática seguem linhas diversas.

Naturalmente algumas diretorias de casas espíritas entendem que tal problema é irrelevante, e a mocidade espírita pode desenvolver uma orientação bastante divorciada da instituição. Respeitamos esta posição, mas pensamos que tal ponto de vista não nos convém pelos seguintes motivos:

a) De modo geral, os grupos de jovens que compõem uma mocidade espírita são provenientes dos ciclos de aulas para a criança espírita e pré--mocidade, também chamados de cursos de "evangelização espírita da criança". Ora, a lógica e o bom-senso nos indicam que, se os pais frequentam uma sociedade espírita é porque concordam com a orientação da casa, e se concordam, provavelmente discordarão de orientações antagônicas ou mesmo diferentes que forem dadas aos jovens que ainda estão sob sua guarda. Levando em consideração que a maioria das mocidades admite os jovens após os 16 anos, sem ainda capacidade de autodeterminação e ávidos para conhecer os porquês da vida, convém aos pais espíritas mais preocupados com a educação espiritual escolher a orientação que lhes pareça mais adequada aos filhos.

b) A mocidade espírita (assim como as aulas da infância e da pré-mocidade) é apenas um programa temporário na evolução das novas gerações. Em outras palavras, o espírita permanece na mocidade enquanto é moço, e ao se tornar adulto, o ideal é se integrar nos outros trabalhos e estudos do centro, tais como: reuniões públicas, palestras, fluidoterapia e passes, estudo e "desenvolvimento" da mediunidade, órgãos da unificação, serviços administrativos do centro, promoções de eventos, evangelização da criança, ocupação de cargos na diretoria do centro, e outras atividades.

Em se considerando o raciocínio acima como certo, a mocidade deverá fazer parte de um planejamento global da casa espírita, e seu programa estará completamente harmonizado com o dos outros setores. Em outras palavras, a mocidade espírita é um subsistema dentro do sistema integrado do centro.

Assim sendo, entendemos que a mocidade, deverá ter necessariamente um supervisor ou orientador doutrinário indicado pela diretoria do centro, com a função de manter a harmonia doutrinária com as diretrizes da casa.

Este orientador poderá ser um adulto com maior experiência e maturidade, um adulto mais jovem, recém-saído da mocidade, e em alguns casos poderá ser até um jovem que se destaque pelo conhecimento doutrinário, pela ponderação e pelo equilíbrio, a ponto de ter toda a confiança da diretoria do centro, que representa todos os trabalhadores.

c) Em terceiro lugar, e seguindo a mesma linha de raciocínio, somos de opinião que um grupo de jovens que faz parte de um centro espírita, reunindo-se uma ou mais vezes por semana para estudar e praticar a doutrina espírita, é semelhante aos grupos que frequentam cursos normalmente existentes nos colégios e universidades que se propõem a estudar uma ou outra área das ciências ou da filosofia. A grande maioria dos pedagogos (com raras exceções) e todas as universidades, adotam o sistema de um orientador com mais conhecimento e experiência que deverá conduzir a classe mostrando-lhe os passos, esclarecendo as dúvidas, indicando a bibliografia, para melhor atingir os objetivos programáticos do curso.

Até mesmo nos cursos de mestrado e doutorado a figura do orientador é obrigatória, em todas as faculdades do mundo, apesar de os alunos terem muito mais base filosófica ou científica e normalmente situarem-se numa faixa etária mais avançada que os jovens de uma mocidade espírita.

A Experiência de Londrina

Na cidade de Londrina, Paraná, no Centro Espírita Nosso Lar – CENL, ocorreu um fato que se enquadra bem neste contexto.

Já há alguns anos as diretorias não se preocupavam em acompanhar a programação doutrinária e os conteúdos das aulas da mocidade espírita, que normalmente se reunia aos domingos.

É bom, porém, antes, apresentar alguma característica do CENL. É o mais antigo centro espírita da cidade de Londrina, com cerca de 800 frequentadores; possui 23 grupos operando nas diversas reuniões de estudos, trabalhos públicos, mediúnicos, etc.

Em um dado momento, em vista do distanciamento do Conselho Consultivo do Centro e espíritas mais antigos dos componentes da mocidade, observou-se a existência de vários pontos discordantes entre os dirigentes dos trabalhos adultos e dos jovens.

Depois de se efetuarem várias discussões construtivas, pesquisas, negociações e até mesmo eleição da diretoria e do conselho consultivo, foi efetuada a mudança nos estatutos, ficando assim definido:

O art. 1º estabelece que a Diretoria Executiva é constituída de 4 membros eleitos por todos os sócios, a saber:

I - Presidente
II - Vice-Presidente
III - Diretor do Departamento de Coordenação Doutrinária
IV - Diretor do Departamento Administrativo Financeiro

Segundo o artigo 24, a Mocidade passou a ser um "setor" dentro do Departamento de Coordenação Doutrinária.

Por outro lado o parágrafo 2º do artigo 18 estabeleceu: "Compete ao Presidente nomear, dentre os sócios administrativos do centro, os encarregados dos setores a que se referem o artigo 24 e 25 deste estatuto".

A questão foi solucionada considerando-se a mocidade como um setor dentro da estrutura, integrado com a Diretoria e com o restante da entidade. Esta integração ficou concretizada através da nomeação do encarregado da mocidade pelo Presidente, que por sua vez é eleito pela totalidade dos sócios.

Além disto, tramitou no Conselho Deliberativo um projeto de Regimento Interno, que já foi aprovado, constando que "a mocidade é constituída por pessoas de 16 a 22 anos". A partir desta idade o jovem deve forçosamente se integrar nas diversas atividades do centro, formando os futuros dirigentes e evitando que a mocidade se torne um grupo de "jovens de mais de 40 anos".

Destarte, concluímos com uma proposta constituída de 3 pontos:

a) A mocidade espírita deve estar dentro da estrutura do centro, e seu programa integrado com o plano global do centro.

b) Os dirigentes da mocidade devem ser nomeados pela Diretoria do centro, sendo esta eleita na forma dos estatutos.

c) Os grupos de jovens que constituem a mocidade espírita devem ter um orientador, à semelhança do professor nos cursos universitários.

A nossa intenção com estas reflexões e com esse relato, é, de alguma forma, colaborar com aquelas casas espíritas que estejam passando por situações similares. Soluções existem, só nos falta ânimo para implementá-las.

O ESPIRITISMO E O PROCESSO EDUCACIONAL

Heloísa Pires[16]

O espiritismo, como síntese do processo do conhecimento, é produto do desenvolvimento do indivíduo da Terra, no tempo e no espaço.

O querido André Luiz lembra, no seu livro *Evolução em dois mundos*, que as raízes da filosofia espírita mergulham no horizonte primitivo, no primeiro homem que, perdendo um amigo, olha para o céu perguntando onde ele estará.

No livro *Mito e vida dos caiapós*, que estuda os nossos selvagens do Xingu, Lukeschi explica como,

---

16. Heloísa Pires nasceu em Marília (SP) e é formada em matemática, física e pedagogia, com especialização em ensino para deficientes visuais e físicos. Trabalhou na AACD - Associação de Assistência à Criança Defeituosa - São Paulo (SP). Desenvolveu um trabalho em computação para deficientes físicos.
Foi Secretária Geral do Instituto Espírita de Educação, Conselheira da Casa do Caminho, onde também colabora no Grupo de Desobsessão. Preside o Grupo Espírita Cairbar Schutel, fundado por seu pai, o Professor Herculano Pires. Tem realizado inúmeras palestras de divulgação espírita, por todo o Brasil.

intuitivamente, chegam à compreensão da existência de dois Universos, o material e o espiritual, transmitindo essa noção à tribo, através de suas fábulas.

São duas as tribos, a do céu e a da Terra. A tribo do céu veio à Terra, quando um índio curioso fez um buraco para achar um tatu, e caiu na Terra.

A tribo da Terra às vezes vai para o céu, quando um vento forte arrasta para lá alguns de seus membros. A tribo do céu às vezes vem à Terra, quando um dos seus elementos despenca do buraco do tatu.

No céu a vida é farta, tranquila. A caça é abundante.

Na Terra a vida é mais difícil.

Mas as duas tribos conseguem comunicação, e as posições muitas vezes se invertem.

Na sabedoria profunda daqueles que espontaneamente estão sintonizados com o Plano Espiritual Superior, os selvagens pensam nos dois Universos entrelaçados como algo real; com muita tranquilidade.

Orlando Vilas Boas conta em suas palestras como os selvagens brasileiros utilizam a pajelança, a mediunidade, para, através do intercâmbio entre encarnados e desencarnados, receberem as orientações das mentes extrafísicas.

Essas experiências vão se acumulando através do tempo, passando de geração para geração através da cultura do povo, transmitida primeiro de forma assistemática, indivíduo para indivíduo. Os mais velhos orientam os mais jovens. Os que viveram mais nessa encarnação orientam os que vieram depois. O respeito à experiência, aos anos que se expressam no desenvolvimento da "arte do bem viver", é lindo.

Mais tarde, bem mais tarde, vai haver a sistematização do aprendizado, e o processo da transmissão de cultura é feito através de meios mais sofisticados.

O respeito aos mais experientes demonstra o crescimento espiritual de uma sociedade.

Infelizmente o desenvolvimento intelectual nem sempre é acompanhado do moral. Razão e sentimento entram em defasagem, à medida que o homem entra em sua adolescência espiritual, fase que corresponde ao desenvolvimento do homem dito civilizado.

O Livro dos Espíritos explica que nossa civilização apresenta desenvolvimento incompleto, pois o homem realmente civilizado é aquele que extingue o orgulho e o egoísmo de sua sociedade, é aquele que ampara o mais fraco, e é o que compreende a importância dos conhecimentos dos que o antecederam. Uma sociedade realmente civilizada só permite as desigualdades fruto das diferenças de níveis evolutivos, e nunca produto das injustiças.

Numa sociedade civilizada os mais velhos são respeitados, as suas experiências consideradas e, principalmente, quando deixam de produzir, são amparados pela lei e pelo amor dos seus membros. Numa civilização incompleta os aposentados são considerados os insetos repugnantes que Kafka apresenta em seu livro *Metamorfose*. E muitas vezes a luta entre as gerações é intensa, na incompreensão de que o nosso desenvolvimento é realizado através de um trabalho de equipe; somos células de um grande organismo social, a sociedade do planeta Terra; só trabalhando em conjunto, no respeito à aquisições de cada uma, chegaremos ao ponto desejado de evolução.

Para o crescimento espiritual contamos ainda com o auxílio dos que nos antecederam e que realizam a "pajelança", tão desejada pelos selvagens brasileiros, e que é uma constante na vida do dito civilizado, (embora às vezes se exerça de forma inconsciente para os que são ajudados).

O homem, à medida que ultrapassa o horizonte primitivo, que domina a Terra, que se afasta do corredor estreito dos instintos, age e pensa por ele mesmo, mas é assessorado pelo Plano Espiritual Superior, ou pode receber e aceitar o assédio do plano espiritual necessitado. Com o desenvolvimento da inteligência ele desenvolve o livre-arbítrio, que lhe permite a opção entre vários caminhos. Acertos e erros marcam a sua caminhada. A auxiliá-lo existe a experiência dos que o antecederam, assimilada através da transmissão cultural, dos livros, das palestras, dos cursos, das conversas.

Negar esse auxílio seria a volta à barbárie. Necessário seria então queimar todos os livros e destruir todo o fruto do progresso na Terra: vacinas, anestesia, luz elétrica etc.

Jean Paul Sartre diz que o homem vem à Terra pela necessidade de comunicação, e que na Terra vai assimilar as experiências dos que o antecederam, enriquecê-las e transmiti-las, assim, aos seus descendentes.

O assimilar, desenvolver com possibilidade de transcendência é o que permite o processo do conhecimento. A experiência dos irmãos mais velhos é utilizada para o desenvolvimento dos mais jovens. Bem sabemos, à luz do espiritismo, que idade cronológica nem sempre é a idade real do indivíduo. Mas sabemos também que a perturbação do renascimento faz de cada indivíduo um novo indivíduo, e que assim como a criança veste a roupagem da inocência, o jovem veste a da inexperiência. É o dar as mãos que facilita a tarefa de integração à sociedade, com possibilidade de transcendência.

Buda, Moisés, Jesus e outros irmãos nos auxiliaram exatamente através desse processo. Nenhum homem é uma ilha; todos são educandos e educadores. Até os contraexemplos nos auxiliam a caminhar, mostrando o que não deve ser feito. É através da união de experiências que acontece a Educação.

Podemos lembrar duas teorias em relação ao desenvolvimento do conhecer do indivíduo: a socrática platônica, que diz que conhecemos pelo espírito. A sofista, que diz que conhecemos pelo corpo.

Aristóteles nos fala nos dois espíritos: formativo e receptivo.

O espiritismo resolve o problema dizendo que somos espíritos, que conseguem apreender o mundo à sua volta, através do corpo; essa percepção, porém, é realizada graças ao perispírito. Ou seja, somos espíritos indestrutíveis, que se utilizam de dois instrumentos de trabalho: o corpo físico e o perispírito. É graças à expansão do perispírito que temos percepções extrafísicas, que conhecemos com "olhos de ver e ouvidos de ouvir".

À medida que amadurecemos, as experiências da vida permitem a todo indivíduo, que permanece em esforço de evolução, uma sintonia mais fácil com o mundo espiritual superior. A nossa compreensão do mundo se dilata.

Como poderíamos nos desenvolver numa encarnação se não contássemos com o auxílio de mães, pais, professores, escritores etc?

O nosso universo interior é muitas vezes rico, mas as experiências vividas só afloram com os estímulos necessários, que fazem com que elas se gravem no cérebro do corpo físico. Cabe ao processo educacional, que se expressa em ensino-aprendizagem, propiciar os estímulos para que o indivíduo possa fazer como disse Sartre: assimilar os conhecimentos dos que o antecederam, enriquecê-los e transmiti-los aos que vierem depois. Sem essa "cadeia" não existe Educação.

Entre os responsáveis por essa "corrente" de indivíduos que auxiliam o homem da Terra, vários vultos especiais aparecem.

Jesus, diz *O Livro dos Espíritos*, é o modelo de homem ideal. Mas sabia das nossas dificuldades em assimilá-lo, disse que enviaria o Consolador e que nós o entenderíamos.

Para fazer o trabalho prometido por Jesus um homem especial veio à Terra. Produto dos séculos, obtivera o seu desenvolvimento intelectual e moral também entre os druidas, nas Gálias. Provara esse desenvolvimento na compreensão e exemplificação da caridade, dando aulas grátis de física e química. Não se improvisam missionários. Kardec foi preparado para codificar a doutrina dos espíritos. Só iniciou o seu trabalho quando no plano físico já ultrapassara a maturidade. Dera o testemunho do seu crescimento espiritual. Ainda assim não realizou a grande tarefa sozinho. Teve a assessorá-lo a equipe do Espírito de Verdade; espíritos do nível evolutivo de Sócrates, Platão e outros, vieram auxiliar o grande mestre de Lyon.

A doutrina espírita surge como produto de um trabalho entre o céu e a Terra. Não é a opinião de Kardec. São informações trazidas por um conjunto de espíritos aprimorados.

Kardec explica, em *A Gênese*, que um homem pode ser enganado ou estar enganado; que um só espírito pode errar. O que dá segurança à doutrina espírita é o seu caráter universal: vários espíritos, em vários pontos da Terra, trouxeram através de vários médiuns, as mesmas informações.

Foi tão importante o trabalho de Kardec que, quando ele cometeu um engano, ao escrever *O Livro dos Médiuns*, os espíritos o avisaram exigindo a correção.

Pensar em superar a obra do gigante de Lyon, através de opiniões pessoais, revela ignorância.

José Herculano Pires lembra que não existe alguém com autoridade intelectual ou moral para modificar a doutrina dos espíritos, como é apresentada na codificação kardequiana. E não bastasse a envergadura intelectual e moral de Kardec, ele ainda teve uma assessoria dos responsáveis pela divulgação da Verdade Eterna.

Até aceito o fato de alguém não concordar com

Kardec. É um direito do indivíduo. Mas ele deve então sair das fileiras espíritas e inventar a sua própria casa filosófica. O querido Waldo Vieira, por exemplo, achou que seus gurus espirituais sabiam mais do que a equipe do Espírito de Verdade. Saiu da casa espírita e fundou o seu centro filosófico, baseado nas projeções de consciência. "Não concordo com uma palavra do que ele diz, mas defenderei até a morte o seu direito de dizê-las". Ele só não podia permanecer na casa espírita, desde que não aceitava mais os ensinamentos da codificação espírita.

A estrutura de aço da doutrina tem que ser respeitada. O espiritismo está além dos nossos conhecimentos.

Tenhamos humildade e lembremos que o grande Sócrates dizia que o verdadeiro sábio é o que sabe que nada sabe.

Só dando as mãos cresceremos...

FUNDAMENTOS EDUCACIONAIS DO ESPIRITISMO
Aspectos pedagógicos da relação evangelizador-evangelizando

DINORÁ FRAGA DA SILVA[17]

I. ASPECTOS HISTÓRICO-CULTURAIS

Sócrates, em um de seus ensinamentos, afirma que as coisas belas são difíceis quando se trata de aprendê-las. Este é o caso do tema deste texto, resumido em seu título. Muito temos, ainda, que refletir sobre o assunto. Nosso propósito é o de expor

---

17. Dinorá Fraga da Silva nasceu em Porto Alegre (RS). Doutora em lingüística e semiótica pela Universidade Federal do Rio Grande do Sul - Porto Alegre. Publicou diversos livros na área do Ensino da Língua Materna.
Na Doutrina Espírita, foi evangelizadora responsável pelo preparo de evangelizadores na Federação Espírita do Rio Grande do Sul (FERGS), de 1965 até 1984; Coordenou o Departamento de Assuntos de Família da FERGS de 1989 a 1991 e foi diretora deste mesmo departamento. Publicou diversos artigos espíritas na revista *A Reencarnação*, na área de Educação.

algumas ideias a respeito, e não apenas repassar leituras. O tema é, por isto mesmo, belo e difícil porque envolve um trabalho conjunto.

Tratar dos fundamentos educacionais do espiritismo significa, inicialmente, em nosso entendimento, considerarmos as bases histórico-culturais que alicerçam a doutrina espírita enquanto uma teoria elaborada na Terra, por uma equipe de homens e espíritos, no final do século dezenove.

Decorrente da vinculação entre o espiritismo e o contexto histórico-cultural, veremos com mais clareza a educação e a pedagogia espírita.

Começaremos, colocando duas visões de mundo que têm produzido, na humanidade, concepções diferentes sobre o que é conhecer, o que é ensinar e aprender.

Uma, surgida no século XVII, será chamada de visão estática e, outra, surgida no fim do século XIX, será chamada de visão dinâmica.

No século XVII, a astronomia leva o homem a descobrir o macrocosmo. E a perfeição do movimento dos astros sugere que o mundo é uma máquina perfeita. A noção, antes existente, do homem primitivo, que vivia em tribos nômades devido à ausência da agricultura, era a de um universo vivo e espiritual. Havia uma unidade entre o homem e a natureza. E toda a necessidade individual era submetida às necessidades da comunidade. Com a astronomia e com a matemática o homem rompeu esta unidade, transformando o mundo em um objeto de conhecimento que necessitava ser medido e controlado. Esta perspectiva gerou um rigoroso determinismo, que influenciou a concepção humana de ensinar e aprender, por exemplo. Havia uma relação determinista – o aluno só aprende o que o professor ensina – e o professor transformava o ato de ensinar em uma sequência de técnicas de transmitir conhecimentos prontos, que envolviam basicamente os sentidos – ver e ouvir.

Pensar, por exemplo, que evangelizar é transmitir informações doutrinárias e o bom evangelizando é medido pelo quanto ele sabe sobre espiritismo, é uma visão unilateral da aprendizagem, vinculada à influência da astronomia e matemática do século XVII.

Uma outra consequência desta visão estática é a de que o procedimento principal para conhecer é a análise. E esta análise é feita pela decomposição das partes ou pela junção das partes. Quando se dá um texto para um jovem ler pedindo-se que identifique as ideias do texto, estamos realizando uma atividade baseada na análise. Conhecer um texto é dar conta de suas partes, apenas. Com isto surge a concepção do conhecimento como controle de informações. Não interessa a opinião do jovem ou da criança, nesta perspectiva.

O conhecimento percebido como a captação do mundo pelos sentidos, pelo que é visto, ouvido e tocado pode ser apontado como uma das bases histórico-culturais do materialismo.

Em nossos dias, tal concepção projetada sobre o sistema de valores humanos, faz surgir a ideia de que o berço é o começo e o túmulo é o fim. Esta opção tem produzido um quadro de alienação, de doenças mentais, de crimes violentos e desintegração social.

Enquanto as bases histórico-culturais explicadas rapidamente produzem seus efeitos através deste modelo perverso de desenvolvimento, convivemos, paralelamente, com outra base histórico-cultural que nos impulsiona a todos para além da matéria.

Esta outra base veio com o avanço da biologia, geologia e física moderna. As duas primeiras ciências propõem a ideia de evolução e desenvolvimento. A Terra e o homem eram explicados como resultado de movimentos contínuos causados pela ação de forças naturais, durante longos períodos de tempo, o que significa milhões de anos. A forma de organização da natureza é dinâmica. O mundo passa a ser entendido como um sistema em evolução, em permanente transformação.

A física moderna contribui para a compreensão da matéria relativizada apenas como forma de energia. Com isto a matéria deixa de ser indestrutível, já que pode ser transformada em outras formas de energia. Acontece um golpe na concepção materialista, uma vez que o conceito de energia postula a existência de seres, independente da possibilidade de serem captados pelos sentidos humanos e, por outro lado, com a biologia e a geologia, o conhecimento é entendido como resultante de processo de interação entre o homem e seu meio físico, cultural, efetivo, energético e espiritual.

II. Consequências para a educação espírita

Os fundamentos educacionais do espiritismo estão ligados à visão dinâmica, porque:

- retomam o sentido da vida corpórea, inserindo-a na dimensão energético-espiritual;
- baseiam-se no princípio da evolução do homem enquanto realidade espiritual;
- a evolução segue uma organização dinâmica em que o espírito é aperfeiçoável;
- a evolução se realiza através das experiências que se manifestam no fazer, no pensar e no sentir.

A educação espírita pode ser, assim, entendida como a organização de condições para a produção de uma concepção espírita do homem e do mundo. A educação espírita valoriza a ação e o pensamento, isto é, o que cada um faz e sente e o ato de refletir sobre seus atos e sentimentos, alimentado pelos conhecimentos doutrinários, revertendo em consequências para a dimensão social. A evolução é, pois, uma trajetória de cada um; é intransferível e pessoal. Se a evolução é construída e não dada pronta ou resultante apenas de conhecimentos adquiridos, surge uma consequência importante – a dimensão espírita de educação não considera o erro como ausência de acerto, mas como manifestação de etapas sucessivas do desenvolvimento humano. Nesta perspectiva de valorização da experiência que produz um conhecimento construído, a educação espírita valoriza os obstáculos, que não são entendidos como causa de dor, mas de aprendizagem real. Surge, assim, a valorização do trabalho e da cooperação, isto é, do operar-com.

Estas ideias foram até agora explicitadas para fazermos o que nos recomenda Herculano Pires (1985) – a teorização educacional que leva à elaboração da pedagogia espírita. Esta, em nosso entendimento, está situada na visão dinâmica do conhecimento. E este fato deve ser considerado quando da definição de uma pedagogia espírita enquanto objeto do Movimento de Evangelização da Infância e Juventude, cuja responsabilidade intransferível deve ser dos centros espíritas e dos órgãos unificacionistas: USE's, Federações e FEB.

Comprometidos com a base histórico-cultural, o objeto da educação espírita e da pedagogia espírita não deve ser reduzido à mera transmissão de conhecimentos ou informações sobre espiritismo, mas sim, à informação espírita, que se agrega a um processo organizado, visando à tomada de consciência espírita da vida. E esta tomada de consciência é um processo que resulta da relação entre o fazer e o compreender, envolvendo, necessariamente, o concurso do tempo.

A Evangelização da Infância e Juventude é, naturalmente, o âmbito institucional da pedagogia espírita, e envolve os seguintes objetivos possíveis:

- planejar o processo de ensino-aprendizagem, segundo a concepção dinâmica da vida;
- conscientizar a necessidade da função técnica do evangelizador, que deve estar qualificado para planejar e pôr em prática, na casa espírita, a educação espírita, enquanto movimento organizado.

Sobre a importância da função do evangelizador, é necessário afirmar que ela é intransferível. Não é qualquer pessoa que pode assumir para si esta tarefa que, por sua complexidade, exige conhecimento histórico-cultural e doutrinário; percepção sobre como ocorre a aprendizagem no quadro de uma VISÃO DINÂMICA do conhecimento; sensibilidade para querer aprender continuamente; e maturidade propiciada pelo desenvolvimento orgânico e de elaboração de experiência de vida terrena, característico da fase adulta.

Assim qualificado e não apenas com boa vontade, o evangelizador poderá exercer sua função na organização da sua tarefa educacional espírita da infância e juventude.

Não esqueçamos que cada tarefa que executamos deve estar inserida no âmbito de sua função respectiva – ser mãe, ser filho, ser educador-espírita, e estas funções inseridas no âmbito de outras mais complexas, como a vida familiar, religiosa, profissional etc. Tal é o princípio da organização. E este é um primórdio explicativo da vida em todos seus níveis – animal, vegetal e inteligente. É a visão de sistema dinâmico, onde o todo se desenvolve, através das funções que cada parte tem neste todo e da ação recíproca; e, também, da influência de uma parte sobre a outra – a relação entre ser mãe, esposa e evangelizadora e a influência de uma função sobre a outra determinam a qualidade de nossa participação na sociedade – a rua, o bairro, a cidade etc.

Esta ideia de dimensão recíproca da organização significa, por exemplo, que enquanto evangelizadores não deve haver unilateralidade – o adulto planeja e o jovem executa as tarefas, – mas implica a sensibilidade do evangelizador para se reorganizar a partir das necessidades e interesses de seus evangelizandos. Em uma organização dinâmica, não deve haver unilateralidade.

Não esqueçamos que a etimologia da palavra Educar significa, do latim EX (para fora) e DUCERE = conduzir. Trata-se de auxiliar a tirar e a reorganizar ideias, sentimentos etc. e não pôr para dentro informações, apenas, por mais valiosas que sejam.

Não sejamos radicais entendendo que, neste sentido, coordenar é decidir, mandar, falar todo o tempo etc.; coordenar é sobretudo possibilitar a participação de todos visando a fins construtivos, definidos com o grupo ou pelo evangelizador com a aceitação do grupo, principalmente na juventude. Na infância, muitas vezes, o adulto, explicando as razões, pode e deve decidir pela criança, uma vez que ainda não existe autonomia (liberdade com disciplina e responsabilidade).

Este ato de auxiliar o jovem e a criança a "pôr para fora"é um primeiro momento. Vejamos o gráfico que segue. (SILVA, 1991, p. 18).

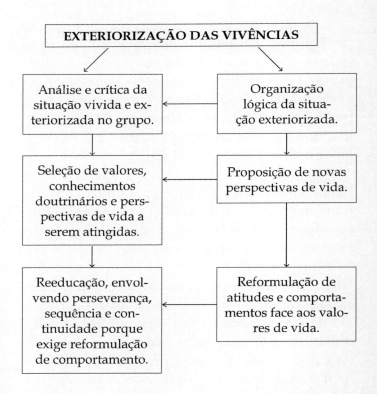

Em nenhum momento destas etapas, o evangelizador pode abrir mão da coordenação, sob pena de que os fins se percam nos atalhos e a evangelização se transforme em uma sequência desorganizada de ações ineficazes ou mero passatempo.

Coordenar é um ato que faz parte do princípio organizativo da vida, na dimensão humana.

Estas sucessivas etapas exigem, para sua coordenação, qualificação do evangelizador que envolve, além da maturidade (um adulto), a necessidade da formação de grupos de estudo, participação em seminários e cursos de atualização, sob pena de ficarmos diante de um "pseudo" evangelizador, sem preparo para exercer tarefa de tal envergadura espiritual, como é a evangelização da infância e juventude.

III. Um Bom Exemplo para Ilustrar

O princípio da imortalidade da alma pode ser escolhido para exemplificar. Inicialmente, cabe por parte do evangelizador um estudo sério do princípio segundo a codificação e, também, em outras obras espíritas. Procurar saber os argumentos materialistas para anular a existência e a imortalidade da alma será de muita importância.

Na visão tradicional da pedagogia espírita o evangelizador simplesmente distribuiria textos, por exemplo, para que fossem lidos e as ideias seriam identificadas a partir de um questionário elaborado por ele.

Na visão dinâmica do conhecimento, segundo as etapas possíveis propostas pelo gráfico, o tema deve ser inserido em experiências de vida para serem discutidas sempre sob a coordenação segura do evangelizador. Uma possibilidade seria:

a) Distribuir bibliografia (ou textos) sobre o tema, com antecedência de uma semana, para ser lida.
b) Formar um grande círculo e relatar um fato ou pedir que alguém conte algum, envolvendo uma decisão sobre a vida ou morte – eutanásia ou suicídio, pena de morte etc.

Um fato possível é o seguinte: no programa Fantástico do dia 29/06//82 foi realizada uma reportagem a respeito de um homem que pediu judicialmente a permissão para morrer.

c) Desencadear a discussão: Vocês acham que este homem tem direito de decidir morrer? Por que tem? Por que não tem?

d) Relatando as causas de sua decisão, falou que a opção se devia ao fato de se sentir muito só e ao fato de que sua doença o atirava em cima de uma cama, sem poder se mover. Se este homem está muito só e imóvel, a decisão dele lhe parece mais aceitável? Por que sim? Por que não?
e) Procurando médicos, fazendo tratamento, este homem descobriu que não teria cura. Seu destino era ficar imóvel na cama. Este dado muda o que você disse até agora?
f) E se este homem fosse seu pai?
g) Enquanto falava, este homem disse que acredita na imortalidade da alma. Este novo dado sobre este homem, no seu entender, muda alguma coisa?
h) Fazer cessar a própria vida é contra lei. Isto torna o pedido deste homem errado? Por que sim, por que não?
i) Este homem fez o que sua consciência lhe ditou, embora contrariando as leis humanas. O que você acha de uma pessoa que contraria sua própria crença, se ele age para diminuir seu próprio sofrimento?
j) Considerando o que vocês debateram e o que você sabia sobre imortalidade da alma, escreva uma carta para este homem.

Vemos que, nesta sugestão de aula, o objetivo vai além da leitura de um texto. Exige raciocínio e tomada de posição, o que auxilia a desenvolver a fé raciocinada, e que em nenhum momento se prescindiu da organização visando a garantir a produtividade do trabalho.

IV. Conclusão

A educação espírita, possibilitando "o desenvolvimento da consciência iluminada pela visão espiritual", é tarefa delicada, complexa, de muita responsabilidade social e espiritual. Logo, deve ser feita segundo um encadeamento sucessivo de fases organizadas, que vai do planejamento à execução. Envolve estudo e disciplina. Não é um processo que ocorre espontaneamente. Na pseudoliberdade de grupos de jovens e crianças atirados à própria condição de sua faixa etária, lembramos um fato ocorrido. A filha de um evangelizador, aos 16 anos, disse a sua mãe: "Como espírito reencarnei como tua filha, sou mais moça, mas posso saber muito mais do que tu". Ao que a mãe respondeu: "É verdade, mas nesta reencarnação, sendo tua mãe e sendo mais velha, tenho um compromisso e uma responsabilidade com tua educação, da qual não abro mão".

A evangelização da infância e juventude, no Movimento Espírita, é um trabalho de responsabilidade dos centros espíritas e é neles que deve se desenvolver. Sua responsabilidade teórica e metodológica passa pelo princípio da ordem – os dirigentes têm a responsabilidade na escolha e incentivo ao preparo técnico de seus evangelizadores. Por ordem, entendemos uma relação entre a autoridade (não confundir com autoritarismo) e disciplina. Por autoridade entendemos um processo determinado por um poder que os dirigentes e evangelizadores têm de fazer um querer e fazer um dever e a disciplina, entendida como um não poder não querer; não poder não dever e um não poder não fazer. A ordem nasce desta relação entre autoridade e disciplina. A liberdade, combinada com a disciplina e a autoridade, produzirá os frutos de uma evangelização consciente e responsável, sob pena de sermos chamados a prestar contas pela nossa omissão, na tarefa que fomos chamados a desempenhar.

BIBLIOGRAFIA

FEDERAÇÃO ESPÍRITA DO RIO GRANDE DO SUL. *A Reencarnação*, n° 404. Ano LVII, Porto Alegre, 1991.
PIRES, J. Herculano. *Pedagogia espírita*. Edicel, São Paulo, 1985.
ANDRÉA, Jorge. *Psicologia espírita*. Rio de Janeiro, 1986.
RAMOS, Donatela e SILVA, Dinorá. *Plano de aula da pré--juventude*. Dep. de Evangelização de FERGS, agosto, 1984.

REFLEXÕES SOBRE A EVANGELIZAÇÃO INFANTO-JUVENIL À LUZ DO ESPIRITISMO

CÍCERO MARCOS TEIXEIRA[18]

A evangelização da infância e da juventude, à luz do espiritismo, deve ser encarada como um processo educacional do espírito, face às leis morais que regem a dinâmica da existência humana, submetida ao imperativo da lei de causa e efeito.

Do ponto de vista da educação espírita, adquire significado de maior transcendência, abrangendo a dimensão integral do ser humano, considerando o seu contínuo histórico palingenésico.

---

18. Cícero Marcos Teixeira, nascido em Itajubá (MG), é bacharel e licenciado em História Natural, orientador educacional e mestre em educação pela Universidade Federal do Rio Grande do Sul, Porto Alegre (RS), onde aposentou-se como professor titular da Faculdade de Educação. Sempre residindo em Porto Alegre, integrou o Departamento Doutrinário da Sociedade Beneficente Espírita Bezerra de Menezes. Escreveu vários artigos na revista *A Reencarnação*, da FERGS, e no jornal *Desobsessão*, do Hospital Espírita. Publicou o livro *Psicosfera*.

Isto amplia os horizontes conceituais da educação evangélica espírita, abrindo novas perspectivas para se compreender e melhor definir os objetivos educacionais face à realidade primacial do espírito em sua evolução planetária.

Por sua natureza dinâmica, o processo de evangelização à luz do espiritismo deve levar em consideração a individualidade do evangelizando, como um espírito em evolução contínua, em busca da autorrealização consciencial.

Assim sendo, a metodologia a ser utilizada nas diferentes etapas do processo de evangelização deve ter em vista os diferentes níveis cognitivos e afetivos, em função das faixas etárias de crescimento e desenvolvimento do educando.

Para tanto, deve-se apoiar nos mais modernos métodos pedagógicos de valorização do educando, como pessoa humana, em sua integral dimensão biopsicossocial e espiritual.

Respeitando-se os diferentes níveis de crescimento e de desenvolvimento cognitivo e psicossocial do educando, os variados processos psicopedagógicos devem contribuir para a educação moral e espiritual da criança e do jovem, sem perder de vista a sua natureza como espírito em aprendizagem reencarnatória, segundo a herança cármica de cada um e sua respectiva interação biopsicossocial no meio em que vive.

Desta forma, a dinâmica interativa evangelizando-evangelizador deve se apoiar num processo metodológico heurístico, em que o diálogo reflexivo é o que mais se coaduna com a natureza intrínseca da doutrina espírita em sua dimensão científica, filosófica e ético-religiosa.

O orientador espírita, além de um sólido conhecimento doutrinário, deve se capacitar psicológica e pedagogicamente falando, para poder operar como educador espírita.

Para tanto, assumirá um sério compromisso espiritual de viver e pôr em prática os princípios morais do espiritismo, pautando sua conduta em perfeita consonância com eles, em todos os momentos de sua vida e de sua interação social, no lar, na vida profissional, nas casas espíritas e na sociedade em geral.

Portanto, evangelizar a infância e a juventude é um processo eminentemente educativo, não no sentido meramente religioso, catequético, mas sim como um processo dinâmico de interação consciencial, gerando o autoconhecimento libertador da ignorância, do erro, do medo e da superstição.

O tema tem maior amplitude e significado, pois se trata de desenvolver as potencialidades do espírito encarnado em seu ciclo reencarnatório, projetando e promovendo o autoconhecimento emancipador da consciência, face aos eternos valores da vida espiritual.

É, pois, tarefa de todo o momento da vida pessoal, abrangendo as diferentes etapas do crescimento e desenvolvimento do indivíduo como um ser espiritual, que tem um contínuo histórico milenar, cuja herança palingenésica estabelece a ligação entre o passado e o presente, gerando o próprio futuro existencial, transcendendo o tempo e o espaço, rumo à autoconsciência cósmica.

Os princípios básicos da educação espírita encontram-se subjacentes nas obras básicas do espiritismo, ampliadas pelas obras complementares, que ensejam mais ampla reflexão sobre a natureza espiritual do ser humano.

O estudo sistematizado da doutrina espírita, em suas diferentes fases de planejamento e execução, amplia ainda mais os horizontes do educando espírita. Sua destinação visa o homem integral e sua plenitude cósmica universalista, livre e emancipado de todo e qualquer condicionamento inibidor, restritivo, dogmático e sectário.

A meta, pois, é a universalidade autoconsciencial, assumindo o pleno conhecimento de sua responsabilidade como agente cocriador do próprio destino individual e coletivo.

As casas, centros e sociedades espíritas constituem núcleos da "Universidade do Espírito", na preparação da nova era espiritual da humanidade terrestre, no próximo terceiro milênio.

Muito há que realizar e os centros espíritas, bem orientados, devem desenvolver intensa e criteriosamente um plano educativo de evangelização da infância e da juventude, preparando-as para assumirem suas responsabilidades pessoais, para consigo e para com a família, a sociedade e a humanidade em geral.

A prática pedagógica espírita, no âmbito da evangelização da infância e juventude, deve aproveitar a contribuição dos modernos métodos de ensino e educação, adaptando-os em função dos objetivos educacionais espíritas.

Para isto, é imprescindível a preparação e formação do orientador espírita, capacitando-o para desempenhar plenamente sua missão.

Os cursos extensivos e intensivos, periódicos, sistemáticos e regulares, devem ser realizados pelas instituições espíritas, no sentido de preparar e descobrir lideranças e pessoas capacitadas para desempenharem a complexa função da evangelização.

O trabalho é árduo e da mais alta responsabilidade dos dirigentes e lideranças espíritas, que devem fielmente colaborar, para que o espiritismo cumpra sua missão de educação e autoeducação espiritual do ser humano.

A pesquisa educacional espírita deve ser apoiada e incentivada pelas instituições espíritas, de modo a propiciar estudos e aperfeiçoamento psicopedagógicos que melhor possam viabilizar não só a evangelização da infância e juventude, como também da educação espírita, num sentido mais amplo e universalista.

Deve-se ter em vista a contribuição da psicologia moderna para fundamentar seus métodos de ensino, considerando o desenvolvimento do pensamento reflexivo da criança e do jovem, cuja assimilação cognitiva obedece ao biorritmo de seu desenvolvimento, não só biológico como também psicossocial e espiritual.

É interessante levar em consideração as grandes contribuições de Piaget e outros pesquisadores no campo da psicologia educacional, com as consequentes repercussões nos métodos de ensino, preconizando uma educação ativa e construtivista.

O ensino não pode ser mais autoritário, nem baseado exclusivamente num condicionamento operante, mas sim adaptado aos diferentes níveis cognitivos e afetivos da criança, do adolescente e do jovem.

Buscando-se as formas de um ensino ativo, devem-se planejar situações didáticas que favoreçam o desenvolvimento do pensamento reflexivo e uma ética plenamente autoconsciente, apoiada no princípio fundamental da responsabilidade pessoal e do respeito aos eternos valores do espírito.

Considerando que a vida presente da criatura humana está intimamente ligada ao seu contínuo histórico milenar, abrangendo as vivências de outras reencarnações passadas, a história pessoal de cada indivíduo ou criança não começa no berço nem termina no túmulo.

O conhecimento deste fato pelas filosofias e religiões espiritualistas reencarnacionistas e, em especial, pelo espiritismo, contribui para uma abordagem nova e diferente das abordagens educacionais vigentes, que apenas se apoiam numa filosofia mecanicista que se circunscreve tão somente às experiências de uma única existência.

As tendências e aptidões cognitivas e afetivas da criança e do indivíduo como um todo, à luz do espiritismo, têm uma gênese mais profunda, que transcende o tempo e o espaço, incluindo, pois, a herança palingenésica, ou reencarnatória, que serve de alicerce para a herança biológica e psicossocial do indivíduo, repercutindo na sociedade em geral.

O espiritismo, por sua estrutura conceitual e transcendente destinação, é um apelo à razão e ao sentimento, contribuindo para o desenvolvimento de uma consciência ética, plena de significado emancipador.

Não deve assumir uma visão restrita, dogmática e sectária, pois isto negaria a universalidade de seus princípios fundamentais, que devem passar de geração a geração, contribuindo para a reeducação espiritual do gênero humano.

O espírito preside a manifestação da vida em todos os seus níveis de expansão. A ciência, gradativamente, gravita em direção da comprovação da realidade espiritual do ser humano e de sua sobrevivência após a morte. Tal comprovação futura iluminará o pensamento filosófico e ético-religioso, anunciador da nova era do espírito.

Neste sentido, o espiritismo verá confirmada sua tese, e seus ensinamentos contribuirão para a educação da mente humana, ecoando na acústica da humanidade terrestre, implantando uma nova ordem social, alicerçada na lei do amor e da fraternidade universais.

Para alcançar tal meta, o espiritismo vem promovendo um trabalho eminentemente educativo e emancipador, despertando a consciência individual e social do ser humano para assumir sua posição de agente cocriador no plano divino da criação.

Entretanto, muito tem que ser realizado pela atual geração de espíritas.

Em termos práticos, os orientadores espíritas, em seu trabalho de evangelização da infância e da juventude, além de sólido conhecimento doutrinário em seu tríplice aspecto – científico, filosófico e ético-religioso – necessitam de uma capacitação didático-metodológica, compatível com a natureza heurística do pensamento espírita.

Deve-se evitar o choque ou a disputa entre lideranças jovens e orientadores de mais idade, com mais experiência de vida e vivência doutrinária.

O chamado choque de gerações não deve existir no movimento espírita, porque a compreensão doutrinária e o espírito de fraternidade, tolerância, respeito e solidariedade devem prevalecer, na busca do conhecimento dos fundamentos educacionais espíritas, que emancipam o ser humano de qualquer sentimento de intolerância e intransigência dogmática e sectária.

O imperativo categórico da vivência dos ensinamentos espíritas em todos os momentos existenciais se impõe, como uma indiscutível necessidade de coerência e autenticidade fidedignas, através do exemplo inadiável.

Jovens e mais idosos devem conviver harmoniosamente, canalizando energia, conhecimento e experiência através do entendimento fraterno na consecução dos planos e programas de evangelização da infância e da juventude, estendendo-se para outras atividades e realizações construtivas na prática diária dos postulados espíritas.

Além disto, devem ter uma visão clara do momento histórico atual e das transformações político-sociais e culturais por que passa a sociedade moderna, o mundo e o Brasil em particular.

Sem perder de vista a dimensão universalista do espiritismo, deve-se desenvolver um plano de ação pedagógica, que contemple os mais complexos e variados problemas e temas da atualidade e suas repercussões na vida individual e social do ser humano, não só em seu contexto regional particular, mas também em sua amplitude mundial, universal.

Neste particular, poder-se-á analisar a destinação espiritual de cada povo, nação ou país e, em especial, a destinação espiritual do Brasil no concerto das nações, sem nenhum preconceito nacionalista, racista, político, religioso ou sociocultural.

Dever-se-á pôr em prática um programa de conteúdos adequados ao nível cognitivo e afetivo de cada faixa etária, de modo a desenvolver não só a compreensão de seu significado doutrinário, filosófico, científico e ético-religioso, mas também suas conexões com outras áreas do conhecimento humano, no sentido de ampliar e universalizar a visão do mundo, do homem e da sociedade humana.

A orientação metodológica deve se apoiar numa abordagem heurística dos diferentes conteúdos apresentados sob a forma de situações-problemas a serem analisados individualmente, ou em pequenos grupos de estudo e investigação.

Debates, seminários, júri simulado, painéis e outras formas de abordagem metodológica devem ser experimentadas, de modo a contribuir para o desenvolvimento cognitivo e afetivo dos evangelizandos, despertando neles o espírito crítico e o senso de uma conduta ética reflexiva, harmônica e equilibrada.

Em sua ação didático-pedagógica o orientador espírita necessita, também, ter bem claro o propósito de identificar as lideranças em potencial, ou em fase de manifestação, no decorrer das diferentes atividades discentes, de modo a favorecer o despertar de valores e seu respectivo aproveitamento na preparação de novos evangelizadores e orientadores espíritas, capazes de se integrarem harmoniosamente no contexto doutrinário, assumindo novas responsabilidades na vivência dos ensinamentos espíritas, dentro e fora dos centros ou instituições, numa ação integrada unitária, de acordo com os planos de evangelização dos órgãos unificacionistas.

Deve-se ter a preocupação constante e sempre presente no sentido de se evitar ou impedir que as instituições espíritas se comprometam com a política partidária, envolvendo os orientadores e evangelizadores em campanhas de propaganda partidária, no âmbito da casa ou sociedade espírita.

Isto não quer dizer que ao espírita seja vedada ou proibida sua participação na política regional ou nacional. É uma questão de foro íntimo e de compromisso cármico que a cada um diz respeito, sem interferir, direta ou indiretamente, na organização e na vida administrativa das instituições espíritas.

Cada espírita deve cumprir seu dever cívico de acordo com sua consciência, inspirando-se nos ensinamentos espíritas, livre de quaisquer preconceitos político-partidários ou de interesses políticos de grupos que pretendam se servir do espiritismo para a consecução de seus objetivos particulares.

É necessário que se invista na formação de novas lideranças bem ajustadas aos postulados doutrinários e que se disponham a viver o ideal espírita conscientemente, trabalhando com dedicação no movimento espírita regional ou nacional, mantendo uma conduta ética compatível com a mensagem de autoconhecimento e de autolibertação de que se reveste a doutrina espírita.

Nesta perspectiva, a direção das instituições espíritas e seus respectivos dirigentes e orientadores, devem ter a sensibilidade indispensável e o bom-senso necessário para saber administrar equilibradamente, quando ocorrerem os chamados conflitos e choques de gerações.

Não se pode ficar cristalizado numa posição conservadora dogmática e sectarista, pois tal atitude ou procedimento é incompatível com a essência e os postulados espíritas.

Por outro lado, não se pode perder o controle da direção e orientação doutrinária, permitindo a intromissão de ideias ou práticas contrárias aos fundamentos básicos de Kardec.

Conhecimento, bom-senso e espírito de doação devem prevalecer em todo o procedimento doutrinário, no testemunho indispensável.

Progressivamente tal concepção da missão do espiritismo na área da educação e reeducação do encarnado vai ganhando maior espaço, dentro do movimento espírita regional e nacional, passando por um processo de gestação irreversível, que culminará na organização de um plano integrado em âmbito nacional, estimulando novos empreendimentos institucionais, dedicados especificamente à educação espírita, abrangendo os diferentes níveis de ensino no primeiro, segundo e terceiro graus.

Muitas escolas já existem em diferentes Estados brasileiros, fruto da iniciativa individual ou de pequenos grupos que, por idealismo, canalizaram seus esforços nesta direção, abrindo caminho como verdadeiros pioneiros, desbravando o terreno agreste da ignorância espiritual do homem.

Todo apoio deve ser dado para estes empreendimentos, cuja expansão pede o concurso de todos os espíritas esclarecidos e comprometidos em dar o seu testemunho na vivência dos ensinamentos espíritas, na esfera individual e no âmbito da sociedade em geral.

Muito deverá ser feito, não se pode cair na inércia do comodismo expectante. Vivem-se momentos históricos, de grandes tranformações sociais, precursoras de um novo ciclo evolutivo espiritual no planeta Terra.

Todos estão individual e coletivamente comprometidos carmicamente com este processo de renovação e progresso, não só material, mas principalmente espiritual.

O espiritismo, pois, em sua elevada missão educacional, gradativamente vai despertando a consciência individual e coletiva para a consecução deste ideal.

Os espíritas conscientes não podem ficar indiferentes, ou inertes, diante de tão magno programa educacional, que visa contribuir para a espiritualização do ser humano e da sociedade em geral.

POSFÁCIO

CARLOS ALBERTO ANDREUCCI[19]

O objetivo desta obra é trazer um pouco de reflexão a respeito de nossas responsabilidades, especialmente as dos centros espíritas, na formação-educação dos espíritos encarnados, nas questões essenciais da vida – desta e da vida imortal – dentro dos preceitos deixados pelo mestre Jesus Cristo e esclarecidos pela doutrina espírita.

"Conhecereis a verdade e ela vos libertará", disse Jesus.

O mais profundo desejo de liberdade encontra em nós mesmos a possibilidade de realização, ainda que

---

19. Carlos Alberto Andreucci, nascido em Socorro (SP) é doutor em Educação pela UNESP-Universidade Estadual Paulista, com pós-doutorado pela Westfälische Wilhelms-Universität Münster, na Alemanha. Professor doutor do ICMSC-Instituto de Ciências Matemáticas de São Carlos - Universidade de São Paulo e ex-professor adjunto da Universidade Federal de São Carlos. Departamento de Fundamentos Científicos e Filosóficos da Educação e de Metodologia do Ensino.
É membro do Grupo da Fraternidade Espírita Irmão Batuíra, em São Carlos (SP).

gradual, lenta, à custa de muito esforço e atenção. É o que podemos depreender do ensino do Mestre.

Lição viva e exemplificada, o próprio Jesus utilizou anos de sua existência planetária no trabalho e na meditação, necessários para a ativação, na natureza densa do corpo humano, das potencialidades de puro espírito.

O homem comum, espírito encarnado necessitado de evoluir, aperfeiçoar-se, neste nosso mundo de expiações e provas, pelas leis encarnatórias precisa atender ao desenvolvimento corporal – infância, pré-adolescência, adolescência, juventude, (explicáveis pela biologia, pela psicologia do desenvolvimento, em seus âmbitos) a fim de que sua alma possa manifestar, enquanto pensamento e ação, o potencial adquirido nas anteriores experiências de vida.

Na Antiguidade, grande parte da formação para a vida do novo ser era responsabilidade da mãe e, principalmente, do pai, até o momento da ocorrência da juventude. Isso quando essa preocupação estava presente, o que se verificava apenas em poucas famílias, como os "patrícios", entre os romanos do Reinado e da República. À maioria, o povo, apenas a luta para a sobrevivência se oferecia como formadora.

A crescente complexidade social, os anseios e necessidades trouxeram o aparecimento da escola: organização formadora além do lar! Essa instituição foi, contudo, atendendo mais e mais os reclamos das necessidades sociais. As de ordem espiritual ficaram com os lares e, mesmo estes, cada vez mais dependentes de instituições de fora, as igrejas, com suas concepções de vida.

Jesus, nos registros evangélicos, leciona sobre os excessos formais do mosaísmo – "sepulcros caiados...", por exemplo – insistindo em que cada homem é templo vivo, por dentro, alma-espírito. "Propondo e exemplificando um modelo universal do comportamento, no qual o amor é completamente essencial", como nos diz Hermínio C. Miranda em seu capítulo.

A semente cristã seria manipulada, experimentada, até execrada de muitas maneiras e o próprio Cristo "decidiu reiterar seus ensinamentos... O espiritismo é a resultante desse projeto renovador, criado com a finalidade de passar a limpo a mensagem original que se perdera no caótico amontoado de detritos", como ainda Hermínio C. Miranda nos diz.

Allan Kardec, em *O Livro dos Espíritos*, esclarece que espíritos imortais, criados simples e ignorantes, mas perfectíveis, encarnamos para alcançar o próprio aperfeiçoamento moral e intelectual, e participarmos da obra da criação.

O "amar ao próximo como a si mesmo", modo que nos é oferecido de "Amar a Deus...", contém o participar da obra da criação e do autoaperfeiçoamento.

Sem nenhuma sombra de dúvida, os espíritos encarnantes, pelo planejamento do mundo espiritual, vêm ao corpo através de pais que assumem responsabilidade de orientá-los, pelo que terão contas a prestar. Além deles, os centros espíritas passam a ser as escolas espirituais, de preparação das novas oportunidades reencarnatórias, através do que tem sido chamado de "Evangelização (ação da Boa-Nova dada por Jesus) Infantil", "Mocidade Espírita" e outras designações.

Se os espíritos encarnantes não precisassem dos seus pais, renasceriam prontos, ou quase, ou adquirindo rapidamente sua independência, como ocorre com alguns animais quanto à vida orgânica. Mas é exatamente ao contrário: é o homem o ser mais dependente, e por mais tempo, dos adultos. Como nada há de ocioso na obra do Criador, fica clara a necessidade de orientação dos mais velhos por um período da vida humana de cada encarnado de novo.

Não há como justificar que "lideranças jovens pretendam planejar suas atividades agindo com plena autonomia" dentro do centro espírita, como diz Richard Simonetti. E ele acrescenta: "imaginemos alunos de uma faculdade de medicina reivindicando a eliminação do professor de determinada matéria, porque não é eficiente, e se dispondo a aprender sozinhos... Certamente o resultado não seria satisfatório", (...) "o dirigente espírita deve estar atento à necessidade de um monitoramento adulto para o departamento de mocidade".

Elaine Curti Ramazzini nos alerta: "Como permitir que os jovens façam as opções por conta própria, sem a orientação de alguém mais velho, que possa... abrir-lhes um leque maior de possibilidades, capaz de ajudá-los na avaliação dos prós e contras dessas opções?"

Ela ainda nos lembra que André Luiz recomenda auxiliar o jovem no sentido de que ele "busque infatigavelmente equilíbrio e discernimento na sublimação das próprias tendências, consolidando maturidade e observação do veículo físico, desde os primeiros dias da mocidade, com vistas à vida perene do espírito".

Cícero Marcos Teixeira nos recomenda que "a evangelização da infância e da juventude... deve ser encarada como um processo educacional do espírito... submetida ao imperativo da lei de causa e efeito", (...) "abrangendo a dimensão integral do ser humano, considerando o seu contínuo histórico palingenésico", (...) "sem perder de vista a sua natureza como espírito em aprendizagem reencarnatória", (...) "apelando sempre à razão e ao discernimento, sem imposições dogmáticas e swectárias".

Dinorá Fraga da Silva aponta que "a evolução é a trajetória de cada um; é intransferível e pessoal;...

a educação espírita valoriza os obstáculos... entendidos como causa... de aprendizagem real".

"Mas sabemos também que a perturbação do renascimento faz de cada pessoa um novo indivíduo, e que assim como a criança veste a roupagem da inocência, o jovem veste a da inexperiência. É o dar as mãos que facilita a tarefa de integração à sociedade, com possibilidade de transcendência", esclarece-nos Heloísa Pires.

"O centro espírita é uma escola" ("Espíritas... amai-vos;... instruí-vos..."). Período importante e marcante em nossas vidas, a mocidade deve poder contar com a escola de vida que o centro espírita precisa ser, oferecendo aos jovens, amadurecido e profundo conhecimento da doutrina espírita, através de orientador, escolhido entre os mais capazes e habilidosos. Essas são as ponderações de Sylvio Dionysio de Souza, em seu capítulo "A orientação com maturidade".

Ivan Dutra, em "A orientação das mocidade espíritas", assegura que "... a mocidade espírita é um subsistema dentro do sistema integrado pelo centro espírita..." mantendo "a harmonia doutrinária com as diretrizes da casa" e "deverá ter necessariamente um supervisor ou orientador indicado pela diretoria do centro...". E esclarece mais: "este orientador poderá ser um adulto com maior experiência e madureza, poderá ser um adulto mais jovem, recém-saído da mocidade, e em alguns casos poderá ser até um jovem que se destaque pelo conhecimento doutrinário, pela ponderação e pelo equilíbrio...".

A evangelização da infância e juventude, diz-nos Dinorá Fraga da Silva, "é um trabalho de responsabilidade dos centros espíritas e é neles que deve se desenvolver". Mas ela ressalta que "não é qualquer pessoa que pode assumir para si esta tarefa, que por sua complexidade exige conhecimento histórico-cultural e doutrinário..., mas implica a sensibilidade do evangelizador para se reorganizar a partir das necessidades e interesses de seus evangelizandos".

Na prática, indica Cícero Marcos Teixeira, "os orientadores espíritas, em seu trabalho de evangelização da infância e da juventude, além de sólido conhecimento doutrinário em seu tríplice aspecto, científico, filosófico e ético religioso, necessitam de uma capacitação didático-metodológica, compatível com a natureza heurística do pensamento espírita".

O mesmo autor adverte que "o chamado choque de geração não deve existir no movimento espírita, porque a compreensão doutrinária e o espírito de fraternidade, tolerância, respeito e solidariedade, devem prevalecer, em consequência do conhecimento dos fundamentos educacionais espíritas, que emancipam o ser humano de qualquer sentimento de intolerância dogmática e sectária".

Em nenhum momento, entende Dinorá Fraga da Silva, "o evangelizador pode abrir mão da coordenação". Argumentação contrária e racional deve também ser examinada racionalmente, como no exemplo que Dinorá cita, da filha dialogando com a mãe, conjeturando que como espírito poderia saber mais do que ela e, como resposta, recebendo significativa lucidez de pensamento: "É verdade, mas nesta encarnação, sendo tua mãe e sendo mais velha, tenho um compromisso e uma responsabilidade com tua educação, da qual não abro mão".

Jesus, lembra-nos Heloísa Pires, "sabia das nossas dificuldades em assimilá-lo e disse que nos enviaria o Consolador, e que nós o entenderíamos". (...) "Kardec foi preparado para codificar a doutrina dos espíritos"(...) "Teve a assessorá-lo a equipe do Espírito de Verdade". (...) "A doutrina espírita surge como produto de um trabalho entre o Céu e a Terra". (...) "Kardec explica, em *A Gênese*, que um homem pode ser enganado ou estar enganado; que um só espírito pode errar". Esse critério é o que aqui se obedece.

Os estudiosos que se pronunciaram, Hermínio C. Miranda, Richard Simonetti, Elaine Curti Ramazzini, Dinorá Fraga da Silva, Cícero Marcos Teixeira, Heloísa Pires, Ivan Dutra e Sylvio Dionysio de Souza, podemos considerar que cada um intuído e inspirado pelos guias espirituais, trazem luz e segurança na orientação ao importante tema de orientação-educação espírita no centro espírita.

"Até concordo com o fato de alguém não concordar com Kardec. É um direito do indivíduo. Mas ele deve então sair das fileiras espíritas e inventar a sua própria casa filosófica..." com explícita decisão assinala Heloísa Pires.

A cada centro spírita caberá a responsabilidade pelo que fizer, ou deixar de fazer, em trabalho tão transcendental, pois que só conhecendo a verdade nos libertaremos.

"Eu não nasci nem vim a este mundo senão para dar testemunho da verdade; todo aquele que é da verdade ouve a minha voz", Jesus (João, XVIII, v. 37).

VOCÊ PRECISA CONHECER

Chico Xavier- O homem, a obra e as repercussões
Antonio Cesar Perri de Carvalho
Biografia • 14x21 cm • 224pp.

Acompanhe momentos excepcionais, fatos históricos e repercussões relacionadas ao médium eleito em votação popular como "o maior brasileiro de todos os tempos" – Chico Xavier.

A vida numa colônia espiritual
João Duarte de Castro
Estudo • 14x21 • 192 pp.

Neste estudo do livro *Nosso Lar*, de Chico Xavier, o autor desvenda muitos atributos e curiosidades da vida nas colônias espirituais conforme autores desencarnados relatam em suas experiências após as fronteiras da morte física.

Correio do Além
Francisco Cândido Xavier (médium) • Emmanuel e espíritos diversos
Cartas psicografadas • 14x21 cm • 208pp.

Correio do Além traz depoimentos de espíritos que, ao se despojarem da veste física, se surpreendem mais vivos do que nunca e sentem a necessidade de expressar seu amor e contar suas experiências no verdadeiro domicílio – a vida espiritual – amenizando a saudade que ficou naqueles que permaneceram na Terra.

Não encontrando os livros da **EME** na livraria de sua preferência,
solicite o endereço de nosso distribuidor mais próximo de você através de
Fones: (19) 3491-7000 / 3491-5449
(claro) 9 9317-2800 (vivo) 9 9983-2575
E-mail: vendas@editoraeme.com.br – Site: www.editoraeme.com.br